河北省基本公共服务均等化研究

李　娟　傅利平　杨立明　著

燕山大学出版社
·秦皇岛·

图书在版编目（CIP）数据

河北省基本公共服务均等化研究 / 李娟，傅利平，杨立明著. —秦皇岛：燕山大学出版社，2022.5

ISBN 978-7-5761-0328-1

Ⅰ. ①河… Ⅱ. ①李… ②傅… ③杨… Ⅲ. ①公共服务—研究—河北
Ⅳ. ①D669.3

中国版本图书馆 CIP 数据核字（2022）第 061205 号

河北省基本公共服务均等化研究

李 娟 傅利平 杨立明 著

出 版 人：陈 玉

责任编辑：王 宁　　策划编辑：王 宁

责任印制：吴 波　　封面设计：吴 波

出版发行：燕山大学出版社 YANSHAN UNIVERSITY PRESS　　地 址：河北省秦皇岛市河北大街西段 438 号

邮政编码：066004　　电 话：0335-8387555

印 刷：英格拉姆印刷(固安)有限公司　　经 销：全国新华书店

尺 寸：170mm×240mm 16 开　　印 张：12.25

版 次：2022 年 5 月第 1 版　　印 次：2022 年 5 月第 1 次印刷

书 号：ISBN 978-7-5761-0328-1　　字 数：210 千字

定 价：49.00 元

前　言

改革开放以来，我国经济社会发展成就举世瞩目，综合国力大幅提升，人民生活水平显著提高，国际地位和影响力明显增强，发展成为中国共产党执政兴国的第一要务。习近平总书记在党的十九大报告中明确指出："中国特色社会主义进入新时代，我国社会主要矛盾已经转化为人民日益增长的美好生活需要和不平衡不充分的发展之间的矛盾。"这一重大政治论断更加凸显了实现基本公共服务均等化对于全面建成小康社会、建设社会主义现代化强国的重要意义。与此同时，也对实现基本公共服务均等化的政治实践与理论研究提出了新的要求。

就基本公共服务均等化发展而言，城乡和区域之间基本公共服务供给的显著差异已经成为影响城乡和区域协调发展的巨大压力和主要障碍。不同社会群体之间所能享受的基本公共服务的显著差异增加了社会矛盾的产生，不仅影响社会和谐稳定，也不利于我国服务型政府的建立。推进基本公共服务均等化既能改善人们当前的生活质量，也有利于缩小城乡及区域之间居民的收入差距，是缓解社会矛盾、建设社会主义和谐社会的现实需要，对于维护社会公平正义、确保人民群众共享发展成果，有着重大的政治和经济意义。

本书以河北省基本公共服务为研究对象，着重分析河北省基本公共服务均等化的地区差异现状，并以基础教育、医疗卫生、公共文化和社会保障为研究领域，对河北省基本公共服务均等化发展的地区差异进行重点剖析。首先，阐述了四个基本公共服务领域的整体情况；其次，深入分析四个领域的基本公共服务的地区差异事实；最后，对河北省如何实现基本公共服务均等化提出对策和建议。

本书共有八章。

第一章为导论。对基本公共服务均等化的研究背景与意义进行阐述，对国内外相关领域的研究进行梳理，并提出本书的主要研究思路。

第二章为基本公共服务均等化理论与河北省发展现状。对基本公共服务均等化研究涉及的相关概念进行界定，对相关理论进行梳理，同时分析河北省基本公共服务均等化的发展现状。

第三章为基本公共服务均等化视角下的河北省经济指标分析。着重对河北省基本经济状况及河北省主要经济指标进行分析，为进一步分析河北省基本公共服务均等化的地区差异提供一定的理论基础和数据支撑，为解决基本公共服务均等化问题提供一种经济角度的思维。

第四章到第七章，围绕“公共文化、公共教育、医疗卫生、社会保障”四个领域的河北省地区之间的差异进行深入分析。通过构建评价指标体系，利用相关统计年鉴的数据，对河北省 11 个城市的基本公共服务发展水平进行测评，并对评价结果进行分析和讨论，为促进河北省基本公共服务均等化的实现寻求解决途径。

第八章为推进河北省基本公共服务均等化的对策建议。主要从完善基本公共服务均等化的财政保障机制、人才保障机制、需求导向机制以及设施建设几个方面提出具体的对策和建议。

由于研究问题本身的复杂性以及笔者的理论功底和实践经验有限，书中难免存在一些疏漏和不足，敬请专家和读者批评指正，以便进一步修改完善。

本书受河北省社科基金项目“河北省公共服务均等化程度评价研究”（项目编号：HB20TJ003）资助出版。

目　　录

第一章　导　论

第一节　基本公共服务均等化的研究背景与意义

一、研究背景

改革开放以来，中国取得了举世瞩目的成就：经济实力大幅提升，制度建设日趋完善，国际地位稳步提升，发展成为中国共产党执政兴国的第一要务。习近平总书记在党的十九大报告中明确指出：“中国特色社会主义进入新时代，我国社会主要矛盾已经转化为人民日益增长的美好生活需要和不平衡不充分的发展之间的矛盾。”就基本公共服务而言，社会公众对于公共服务需求的增长与公共服务供给数量和质量不足，社会公众对于公共服务需求的多元与公共服务供给主体和供给方式的单一性，已经成为公共服务“需求-供给”所面临的两对主要矛盾；而城乡之间、地区之间基本公共服务供给的显著差异则成为影响城乡之间、区域之间公共服务均衡协调发展的主要障碍。区域之间与社会群体之间所能享受的基本公共服务的显著差异不仅影响社会公众的基本生活，同时也影响社会的和谐稳定以及服务型政府的建立。面对复杂的社会现实与发展环境，中国共产党和中国政府将全面深化改革作为中国特色社会主义事业的基本路径，将“创新、协调、绿色、开放、共享”作为全新的发展观念，整合公平正义等现代价值，以人民福祉与人民获得感为基本依归，提出了切实推进基本公共服务均等化的发展规划，为中国未来的可持续发展描绘出了宏伟的蓝图。

（一）基本公共服务均等化的提出旨在解决改革发展中复杂的社会问题

中共十六届六中全会通过的《中共中央关于构建社会主义和谐社会若干重大问题的决定》，首次提出了“基本公共服务均等化”的改革理念，要求“加大财政在教育、卫生、文化、就业再就业服务、社会保障、生态环境、公共基础设施、社会治安等方面的投入”。这表明党和国家对改革开放以来涉及教育、卫生、文化以及社会保障等方面的基本公共服务非均等化问题具有了清晰而深刻的认识。基本公共服务均等化是指全体公民都能公平可及地获得大致均等的基本公共服务，是实现共同富裕的基础保障，关乎人民的幸福安康、国家的长治久安以及社会的和谐稳定，也是推进经济社会协调发展、建设中国特色社会主义的重要战略举措。

（二）基本公共服务均等化是党的执政理念，是实现共同富裕的基本着力点

继中共十六届六中全会提出“基本公共服务均等化”这一概念之后，党的十七大报告中进一步提出：“围绕推进基本公共服务均等化和主体功能区建设，完善公共财政体系。”党的十八大报告中指出，基本公共服务体系是中国特色社会主义社会管理体系的重要组成部分，“必须加快形成政府主导、覆盖城乡、可持续的公共服务体系”。党的十九大报告中将“基本公共服务均等化基本实现”作为从 2020 年到 2035 年的发展目标，进一步明确了从“总体实现”到“基本实现”的行动计划和行动路线，提出了更具前瞻性的发展思路和更加务实的发展目标。实现基本公共服务均等化的关键是推进基本公共服务的标准化，以标准化的手段优化资源配置、规范服务流程、提升服务质量、明确权责关系、创新治理方式，确保全体公民都能公平可及地获得大致均等的基本公共服务，从而切实提高人民群众的获得感、幸福感和安全感。这一系列的举措表明，基本公共服务均等化已经成为全面深化改革、推动经济社会建设的重要目标，并发展成为中国共产党坚持人民至上的执政理念。

共同富裕既是社会主义的本质要求，也是社会主义现代化的重要特征，更是人民群众的共同期盼。党的十八大以来，党中央把逐步实现全体人民共同富裕摆在更加重要的位置上，习近平总书记反复强调："消除贫困、改善民生、实现共同富裕，是社会主义的本质要求。"党的十九届五中全会把"全体人民共同富裕迈出坚实步伐"作为2035年国民经济和社会发展的远景目标之一，其中将基本公共服务均等化作为实现共同富裕的重要内容。中央财经委员会第十次会议也把促进基本公共服务均等化作为扎实推动共同富裕的重要任务。这表明，实现共同富裕是促进基本公共服务均等化的价值目标，促进基本公共服务均等化是实现共同富裕的基本着力点。

（三）推进基本公共服务均等化是加快建设服务型政府的必然选择

十届全国人大二次会议上，温家宝总理提出要把政府办成一个服务型的政府。党的十六届六中全会上第一次对建设服务型政府作出了明确要求，指出要加强社会管理和公共服务职能。服务型政府应是民主参与的政府，服务是其核心和基础，全心全意为公众服务是服务型政府的根本体现，一切从公众的基本需求和利益出发，并为公众参与提供各种信息和渠道。实现基本公共服务均等化是构建服务型政府的一项重要任务，要强化政府公共服务的职能，有效发挥政府在基本公共服务中的主体地位和主导作用。建设适应基本公共服务均等化要求的服务型政府是现代政府的基本目标要求，也是各级政府都应恪守的价值观和各级政府的执政理念。因此，推进基本公共服务均等化作为社会主义市场经济条件下政府职能转变的必然结果，体现了当今政府对公众追求自身平等权益的尊重和进行民生建设的责任担当。

二、研究意义

基本公共服务均等化是党和国家治国理政的重要目标，也是中华民族走向伟大复兴的战略支撑。

（一）推进基本公共服务均等化有利于缓解社会矛盾

基本公共服务均等化是公民享有的基本权利，指的是全体公民享受基本公共服务，如义务教育、公共卫生与基本医疗、基本社会保障等的机会均等、结果大体相同，并尊重社会成员的自由选择权。当前，我国政府提供的公共医疗、义务教育、最低保障等基本公共产品和公共服务在地区以及城乡之间存在较大的差异。基本公共服务供给的失衡使部分群体最基本的生存权和发展权得不到保障，加大了社会不公正的程度，激化了社会的矛盾。这种状况与我们当前所倡导的以人为本、科学发展的理念是不相符的。基本公共产品和公共服务的提供不仅仅是一个福利性的问题，更重要的是以政府为主体参与国民收入再分配的一种经济活动，是对整体社会利益结构的合理调节。因此，推进基本公共服务均等化是缓解社会矛盾、实现和谐发展的现实需要，它对于维护社会公平正义、确保人民群众共享发展成果，有着重大的政治和经济意义。

（二）推进基本公共服务均等化有利于缩小居民消费差距

当前我国居民消费差距主要表现在城乡差距和地区差距等方面，而城乡和地区之间的基本公共服务非均等化现象又是拉大居民消费差距的重要原因。收入差距的存在导致了消费水平的不同。当前我国收入分配差距仍然处于高位，其负面影响也逐步显现，随着我国社会主要矛盾的转换，进一步缩小收入分配差距的必要性和紧迫性更加凸显。缩小收入分配差距、实现收入分配公平是改善民生、实现发展成果由人民共享最重要最直接的方式。为此，政府要履行好再分配调节职能，加快推进基本公共服务均等化，缩小因基本公共服务非均等化所造成的城乡之间和地区之间的居民收入分配及消费差距，并最终提升消费增长动力和潜力。

（三）推进基本公共服务均等化有利于促进社会和谐与稳定

《“十三五”推进基本公共服务均等化规划》指出：“享有基本公共服务是公民的基本权利，保障人人享有基本公共服务是政府的重要职责。推进基本公共服务均等化，是全面建成小康社会的应有之义，对于促进社会公平正义、增进人民福祉、增强全体人民在共建共享发展中的获得感、实现中华民族伟大复兴的中国梦，都具有十分重要的意义。”这段论述表明，推进基本公共服务均等化不仅能够通过平等地满足人的需求，将对社会公正与人民幸福生活的价值追求完美融合，而且按照维护社会公平、正义的执政理念，推进基本公共服务均等化，还有利于缩小基本公共服务的城乡和地区差距，使全民共享政府提供的公共利益，有利于实现公共性的利益和谐、文化和谐与社会和谐，促进整个社会的和谐与稳定。

第二节　基本公共服务均等化的研究现状述评

一、国外研究现状

关于公共服务均等化内涵方面的研究，国外学者多是从“公平”与“均衡”两个角度去理解公共服务均等化的内涵。Riccardo（2005）将公共服务理解为政府提供的具有“公共属性”的公共产品和价值产品的总称，主要包括公共安全、公共经济服务以及公共社会服务等相关内容。Broadbent（2013）则在其著作中详细阐述了公共服务的具体内涵和设计范围，并进一步提出理想中的公共服务是什么，政府部门应该如何有效提供等问题。

关于公共服务供给模式的研究，西方学者的研究领域主要涉及供给主体及供给机制两个方面。有关供给主体的相关研究，有学者提出市场供给与政府供给是目前公共服务主要的两大供给主体，此外，也有部分私营部门和第三部门参与到公共服务供给中。有关供给机制方面的研究，西方学者主要从经济学角度探讨政府、市场和私营部门在提供公共服务的效率方面的优劣，并结合各自国家的实际情况，采取不同的供给机制。如美国和法国在确保最低保障的同时，更侧重于市场主导型的供给机制；英国等国家在公共服务供给方面，国家承担了更大的责任，确保全民普遍享有一定水平的社会保障；而新加坡、俄罗斯等国家则更多地强调个人在社会保障中所发挥的主体责任，通过国家立法等强制手段要求个人和家庭进行自主积累，以达到一定程度的供给。

关于公共服务实证方面的研究，西方学者的相关研究主要集中在以区域为限定范围进行的公共服务测评、单独对公共服务某一类别进行的水平测度以及整体公共服务的综合评价三个方面。George Boyne（2001）采用公共服务需求、权利和努力程度作为评价标准对英国的公共服务均等化情况进行了研究。Hoffman（2007）通过实证研究发现地区财力投入的差异是导致政府为公众提供公共服务差异的主要原因。S. Kim 等人（2010）创新性地提出了一个公共服务测算标准和方法，并运用该方法对公共服务的组成结构进行了分析。

关于公共产品理论、财政分权理论及财政均等化问题的研究，国外学者十分注重公共财政对基本公共服务均等化的影响，普遍主张通过财政均等化来促进基本公共服务均等化，而财政均等化研究的理论渊源主要是公共产品理论和财政分权理论。Paul A. Samuelson 等经济学家（1954）认为，公共产品的特性决定其应该主要由政府供给，因为市场存在缺陷不能有效提供。Tiebout 等人（1956）进一步提出地方公共产品的供给和财政分权问题。经济学家 Buchanan（1958）主张政治决策过程和机制的重要性，提出优良的政府结构有助于提高公共产品的配置效率。在此基础上，新公共服务理论通过强调普遍权利和服务理念，主张通过政府、私人、非营利机构的共同治理为公民提供更好的公共服务。

二、国内研究现状

与国外学者相比，国内学者对基本公共服务均等化的相关研究起步较晚，主要集中于党的十六届五中全会以后。近年来，关于基本公共服务均等化的研究成果十分丰富，取得了诸多进展，主要集中在以下方面。

关于公共服务均等化内涵方面的研究，国内学者虽然进行了大量的研究，但并没有形成统一的认识，主要体现在对公共服务的范畴理解和均等化的价值判断两个方面还存在差异。政府为满足社会公共需要而提供的产品与服务的总称是学术界对公共服务的普遍理解。徐小青（2002）认为公共服务是一种公共物品，并通过相应的信息、技术以及劳务等多种服务形式表现。刘尚希（2009）主要从消费的角度对公共服务进行诠释，认为公共服务是政府为促进居民的基本消费水平所采取的一系列公共行为。李剑等（2009）对现阶段我国公共服务的主要内容进行界定，包括义务教育、公共卫生和基本医疗、基本社会保障、公共就业服务等。

关于公共服务供给模式方面的研究，我国学者的相关研究也经历了由政府单一供给（李军鹏，2005）、政府主导供给（刘厚金，2011）逐步向多元化供给模式（叶响裙，2014）转变的过程，对于由政府、社会、市场等构成的多元供给模式达成普遍共识。此外，随着信息时代的到来，对于大数据驱动的公共服务供给模式的相关研究也日益增多。应用大数据有利于改进公共服务的供给手段和供给内容，提高公共服务供给的有效性，并有利于政府的公共服务监管。此外，应用大数据还有利于对公共服务供给过程的实时监控和动态化管理，有利于对公共服务供给主体进行更加准确的绩效评价，特别是外部绩效评价。

关于公共服务均等化实证方面的研究，国内学者的研究领域主要集中在公共服务非均等化的成因分析、公共服务各单项（教育、医疗、体育等）问题的讨论以及区域视角下的公共服务非均等化问题的探讨几个方面。肖建华（2005）通过研究将公共服务非均等化成因概括为公共品的效率问题、外溢性与行政区域间的矛盾问题以及公共品特征的可变性等几个方面。李雪萍（2008）对公共服务中的社会保障问题进行了专项研究，并提出了非均等化问题的实质。王悦荣（2010）运用人口加权的区域差异分析工具和改进优化的熵权 TOPSIS 法，对我国地级以上城市基本公共服务空间差异、均等化和能力差异进行了实证分析，结果显示，我国地级以上城市基本公共服务均等化程度很低，处于非均等和极为不均等状态。汪利锬（2014）对我国的 32 个省、自治区和直辖市的公共服务支出差异进行了分析，并运用面板趋同模型方法定量分析公共服务支出与财政转移支付之间的关系。

近年来，很多学者对河北省基本公共服务均等化的有关问题展开了研究。习亚哲（2015）对河北省城乡在义务教育、医疗卫生、社会保障制度、基础设施以及公共文化服务五个方面存在的现实差距进行了阐述，主要针对影响河北省城乡之间基本公共服务均等化的制度进行了分析，提出要彻底破除城乡二元经济结构，实现财政投入城乡均等，保障基本公共服务均等化。张茜等（2015）认为河北省城乡基本公共服务存在的问题主要有公共资源分配不均等，农村相比城市，基本公共服务供给不足以及公众参与度低等，就此提出实现政府基本公共服务标准化，并进一步完善基本公共服务体系。陈会然（2019）对河北省基本公共服务均等化进行了实证分析，从投入和产出两个角度构建评价指标体系，包含教育、医疗卫生、社保就业、文化、生态环境和基础设施六个子系统，并通过分析提出通过发展经济、完善转移支付机制、强化政府服务意识等措施来推进河北省基本公共服务供给水平均等化。

三、国内外研究现状述评

通过以上对国内外相关研究现状的梳理我们不难发现，有关公共服务均等化问题的研究已经十分深入，理论基础研究较深厚，研究内容和研究范围也在不断拓展，这些都为本书的研究奠定了较好的理论和实践基础。其中，西方发达国家政府的基本政策、价值取向与制度安排在一定程度上均体现出基本公共服务均等化的色彩，反映了相关研究成果在现实政策中的具体应用。

目前，我国学界对基本公共服务均等化的研究已经取得了丰硕的成果，形成了一套较为完整的体系。从广度上来看，基本公共服务均等化已经成为一项由多学科互相交叉、互相补充的研究课题。从深度上来看，国内学者已经从基本公共服务均等化的一般理论探讨，转为关注基本公共服务均等化的测算、地域文化差异对均等化效果所带来的影响等具体问题，对不同社会群体之间、不同类型的基本公共服务之间的研究都有所涉及，并形成了一批较有影响力的成果。

但我们不难发现，与以往的相关研究相比，我国学界对基本公共服务均等化的研究也存在着一些局限和不足。首先，在对城乡基本公共服务均等化的对比研究方面，缺乏对城乡自身发展特点的深度挖掘以及从受众群体特点、公共服务供给成本等角度进行的分析和阐述；其次，大部分研究趋于同质化，在对公共服务进行测量时，指标体系的构建也逐步趋同，基本采用的都是定量指标，缺乏对定性指标的考量；最后，我国对基本公共服务法制建设的研究起步较晚，成果也相对较少，虽然许多学者都强调立法对于实现基本公共服务均等化的重要性，并呼吁通过法制建设来推动公共服务体系的建设，但目前大部分成果也仅仅停留在提供思路的阶段，并未对立法内容、执行方式、监督机制等内容展开深入的探讨。

第三节　研究内容、方法及创新点

一、研究内容

本书以河北省的基本公共服务为研究对象，以教育、医疗卫生、文化和社会保障为专项目标，对河北省基本公共服务均等化程度进行科学测度，并分析影响河北省基本公共服务均等化的因素，并最终提出对策和建议。依循提出问题、分析问题和解决问题的思路，对河北省公共服务均等化问题进行了系统的阐述、分析和创新研究。

二、研究方法

（一）文献研究法

本书采用文献研究法对国内外与本研究相关的文献进行搜集、鉴别、整理和分析，总结国内外研究现状、特点与规律性，为下一步实证研究奠定理论基础。

（二）定量研究法

借鉴西奥多·H.波伊斯特的“投入-过程-产出-效果”模型，构建基本公共服务均等化水平评价指标体系；运用河北省统计年鉴等相关数据，围绕“公共文化、公共教育、医疗卫生、社会保障”四个领域对河北省 11 个城市的基本公共服务均等化水平进行测评。

三、创新点

本书在明确基本公共服务、均等化以及基本公共服务均等化的内涵基础上，以河北省基本公共服务作为研究对象，在实证分析当前河北省 11 个城市的基本公共服务地区差异的基础上，就如何实现河北省基本公共服务均等化提供政策思路。与目前同类研究相比，本书的创新点主要体现在以下两个方面。

第一，构建河北省基本公共服务均等化的评价指标体系。与以往公共服务均等化的评价指标体系构建不同的是，本书在相关研究的基础上，借鉴西奥多・H.波伊斯特的“投入-过程-产出-效果”模型，构建河北省基本公共服务均等化水平评价指标体系，具有一定的科学性和理论基础。

第二，围绕“公共文化、公共教育、医疗卫生、社会保障”四个领域对河北省 11 个城市的公共服务均等化程度进行测量，直观得到各城市在不同领域的投入、保障、产出以及效果四个方面的得分，并运用均值、标准偏差以及是否线性分布等反映河北省 11 个城市在公共服务均等化方面的表现，发现存在的问题和不足，以便更有针对性地提出促进河北省基本公共服务均等化发展的对策和建议。

第二章　基本公共服务均等化理论与河北省发展现状

基本公共服务均等化由“基本公共服务”和“均等化”两个基本概念复合而成，因而进行基本公共服务均等化研究，首先要明晰“基本公共服务”以及“均等化”的内涵，并从理论层面上将基本公共服务均等化所涉及的问题进行相应的探讨和分析。

第一节　基本公共服务均等化的相关概念及内涵

一、基本公共服务

“基本公共服务”与“公共服务”是两个不同层次的概念，公共服务包含了基本公共服务和非基本公共服务的全部内容；而基本公共服务则是从公共服务延伸出来的子概念，所涉及的仅仅是公共服务中特定的部分。按照国务院颁布的《国家基本公共服务体系“十二五”规划》的界定，所谓基本公共服务是指建立在一定社会共识基础上，由政府主导提供的，与经济社会发展水平和阶段相适应，旨在保障全体公民生存和发展基本需求的公共服务。

基本公共服务包括三个基本点：一是保障人类的基本生存权（或生存的基本需要），为了实现这一目标，需要政府及社会为每个人提供基本就业保障、基本养老保障、基本生活保障等；二是满足基本尊严（或体面）和基本能力的需要，需要政府及社会为每个人都提供基本的教育和文化服务；三是满足基本健康的需要，需要政府及社会为每个人提供基本的健康保障。基本公共服务的范围一般包括保障基本民生需求的教育、就业、社会保障、医疗卫生、计划生育、住房保障、文化体育等领域的公共服务。从广义上来看，基本公共服务还包括与人民生活环境紧密关联的交通、通信、公用设施、环境保护等领域的公共服务，以及保障安全需要的公共安全、消费安全和国防安全等领域的公共服务。随着经济的发展和人民生活水平的提高，社会基本公共服务的范围会逐步扩大，水平也会逐步提高。

享有基本公共服务是公民的基本权利，保障人人享有基本公共服务是政府的重要职责。习近平总书记多次强调，要做好普惠性、基础性、兜底性民生建设，健全完善国家基本公共服务体系，全面提高公共服务共建能力和共享水平。

二、均等化

均等化与平均化不同，平均化属于一刀切，也就是对于全体，不区别个体。均等化则允许个体与个体之间有差距，但在执行过程中尽量缩小它们的差距。在基本公共服务领域，均等化并不等于绝对平均化，并不是强调所有公民都享有完全一致的基本公共服务，而是在承认地区、城乡、人群存在差别的前提下，无论是性别、种族、老幼、城乡，作为公民都享有一定标准之上的基本公共服务。

目前，学界对“均等化”的理解形成了较为一致的观点，即无论居住在城市还是乡村的居民，每个人所享受到的基本公共服务在数量和质量上都应大体相同或相近。均等的内容应该包含两个方面：一是居民享有公共服务的机会均等，如公民都有平等享受教育的权利；二是居民享受公共服务的结果均等，如每一个公民无论住在城市还是乡村，享受的义务教育和医疗救助等公共服务，在数量和质量上都应大体相等。

2012 年，国务院颁布《国家基本公共服务体系“十二五”规划》中明确指出，基本公共服务均等化意味着“所有公民都应当尽可能公平、平等地获得水平大致相等的基本公共服务，其中的核心在于机会平等，而非简单的、无差异化的平等”。2017 年，国务院颁布的《“十三五”推进基本公共服务均等化规划》又再次明确：“基本公共服务均等化是指全体公民都能公平可及地获得大致均等的基本公共服务，其核心是促进机会均等，重点是保障人民群众得到基本公共服务的机会，而不是简单的平均化。”

三、基本公共服务均等化的内涵

基本公共服务均等化是指全体公民都能公平可及地获得大致均等的基本公共服务，而不是简单的平均化。理解这一概念，应该把握以下几点。

一是注重“基本”。基本公共服务均等化的前提是“基本”，即均等化的对象所涉及的范围并不是所有的公共服务。一般而言，基本公共服务是指满足社会成员生存与发展最低限度的需要、事关社会成员生存与发展最基本权利的服务，否则就会影响到社会成员的生存质量与发展机会。当然，基本公共服务无论内容还是标准都具有动态性，随着经济社会的发展，其覆盖范围会不断扩大，标准会不断提升。《国家基本公共服务体系“十二五”规划》明确基本公共服务的范围包括“保障基本民生需求的教育、就业、社会保障、医疗卫生、计划生育、住房保障、文化体育等领域的公共服务，广义上还包括与人民生活环境紧密关联的交通、通信、公用设施、环境保护等领域的公共服务，以及保障安全需要的公共安全、消费安全和国防安全等领域的公共服务”。2021年，经国务院批复同意，国家发展改革委联合20个部门印发了《国家基本公共服务标准（2021年版）》，其中共包含“幼有所育、学有所教、劳有所得、病有所医、老有所养、住有所居、弱有所扶、优军服务保障、文体服务保障”9个方面，分为22个大类，总共80个服务项目。这些规定比较清晰地界定了基本公共服务的范围和标准。

二是注重“政府”。基本公共服务是由政府主导提供的，基本公共服务均等化则主要是由政府主导推动的，这与当下讨论的服务型政府建设是高度契合的。服务型政府就是以提供公共服务为主要职能的政府，它能够比较自如地处理国家的阶级职能与社会职能的辩证关系。所以，政府在基本公共服务领域的行政模式也应由注重管制向注重服务转变，通过公平合理的政策输出去创建公民生活的福祉。这里需要强调几点：第一，政府不是基本公共服务的唯一提供者，基本公共服务也可以交由市场主体或社会主体提供，以最大限度、最高效率地满足广大人民群众的基本服务需求。第二，政府应该保持公共性，要防止与民争利。由于政府所具有的权威性，其一旦涉足市场就容易造成垄断，从而剥夺人们选择的权利，使他人丧失在该领域中获利的可能性，因而公共性是一个正义的政府必须具有的属性。第三，完善财政收支制度，加大公共财政在基本公共服务领域的投入。政府想要推进基本公共服务均等化，就必须加大财政投入，使基本公共服务的财政支出在国家财政中占据较大比重。

三是注重“均等”。基本公共服务均等化的“均等”，不是简单的平均化或无差异化，核心是促进机会均等，重点是保障人民群众得到基本公共服务的机会。基本公共服务均等化并不追求所有人享有完全相同的服务，合理的差异是社会进步的动力，也是社会焕发活力的根源。当然，一定的差异并不是任由差距扩大，如果差距扩大则不能合理地反映社会劳动与市场分配，就会与社会公正背道而驰，也就谈不上真正的基本公共服务均等化。我国人口数量众多，地区差异大，生产力水平和财政能力有限，发展中国家的现实国情决定了我国所提供的基本公共服务要与国家的综合国力相匹配。因此，要优先保证全体社会成员享有基本公共服务的机会和原则均等，应致力于改善当前城乡、区域和群体之间享有基本公共服务的非均等化状态，使公共投入向农村地区、欠发达地区和社会弱势群体倾斜。

四是注重“共享”。改革发展成果共享是基本公共服务均等化的价值指引和原则遵循，也是基本公共服务均等化的根本任务和重要目标。基本公共服务均等化成为改革发展成果共享的重要衡量指标，蕴含着改革开放成果共享的价值理念和实践诉求。从价值理念的角度看，“共享”意味着某种程度的“均等”，而“均等”也意味着某种程度的“共享”。改革发展成果共享是指每个社会成员的基本尊严和基本生存条件得到维护和满足，基本发展条件能够得到保证，生活水准和发展潜力能够随着经济社会的发展而不断提升，即在基本层面上得到“均等”的机会与保障。从实践诉求的角度看，改革发展成果共享取得的成效以及存在的矛盾与问题，是推进基本公共服务均等化的现实背景。通过推进基本公共服务均等化来解决民生问题、化解社会矛盾、促进社会和谐，既是体现社会公平的必然要求，也是实现社会和谐发展的必然途径。

基本公共服务的均等化，不仅有利于保障个人的生存权与发展权，让每个人体面且有尊严地活着，而且也是现代政府追求的目标，是实现国家长治久安、社会和谐稳定的重要途径。

第二节　基本公共服务均等化的相关理论

一、公共财政理论

公共财政理论实质上就是市场经济体制下的政府财政，也就是说，当经济市场处于失灵状态时，必须依靠政府力量来弥补无人提供满足公共需求的公共产品的空白。公共财政的本质特征是公共性，与公共服务的本质特征相同。因此，公共财政理论是基本公共服务均等化的理论基础。此外，公共财政理论的主要内容是为市场提供公共服务与公共产品，与公共服务的主要内涵相契合，这也表明了公共财政理论是公共服务均等化的理论基础。

公共财政理论认为政府应当对所有的经济主体和社会成员提供平等的无差别的均等化公共服务。公共财政理论的主要目的是政府对公共产品进行再分配以弥补市场失灵。政府本身是非营利主体，不能参与具有营利性质的市场竞争，这直接体现了公共财政理论的非营利性与公共性。相对来说，公共财政的运用范围也是有限的，其只能应用于市场失灵这一领域，如果超越这一范畴应用于其他领域中，则有可能损害市场本身的运行机制。可以将公共财政理论的基础特征总结为以下三点。

第一，公共性。公共财政理论的运行目标和收支活动都具有公共性，将满足社会公共需求作为其财政职能的基本出发点。财政职能只涉及关于社会公共需要的事项，不介入社会公共需要领域之外的事项。而社会公共需要的定义则是在以个人需求的比较之下得出的，是将整个社会作为主体所提出的整体需求，主要表现出了整体性与集中性。

第二，非营利性。公共财政理论将公共利益的最大化作为基础目标，是具有公共性质的国家财政，其具体体现就是为公众提供公共服务时不是以投资营利或追求商务经营利润作为财政收支的出发点和归宿。

第三，规范性。财政就是为了满足社会公共需要、弥补市场失灵、以国家为主体参与的社会产品的分配活动，是国家履行职能的重要物质基础。此外，政府的各项事权都是由法律规定和界定的，强调依法理财，对财政收支的各项行为进行规范。

二、福利经济学理论

福利经济学属于西方经济理论之一，由国家和各种社会团体通过开展福利活动、社会服务以及集体福利事业等来增进群体福利，以提高社会成员的生活水平和生活质量。福利经济学将追求最大化的社会经济福利作为目标，主要研究如何进行资源配置以提高效率，如何进行收入分配以实现公平及如何进行集体选择以增进社会福利。基本公共服务均等化的研究内容符合福利经济学的目标和内容，同时福利经济学也为基本公共服务均等化提供了经济学基础。

（一）庇古的福利经济学与基本公共服务均等化

福利经济学体系的创立者是英国经济学家庇古，他以边际效用价值论为基础对“福利”进行了定义。他认为，福利是由效用组成的，人性的本质就是追求最大的满足，或者说是追求最大的福利。人们为了获取最大的福利，使自己摆脱贫困必须要考虑两个问题：第一个问题是个人的满足程度会随着其实际收入的增加而增加；第二个问题是如果采取将富人货币收入通过再分配给穷人一部分的方法，会使社会的整体满足度增加。据此，庇古提出了两个著名的基本命题：一是社会经济福利水平会随着国民收入总量的增加而提高；二是社会经济福利会随着国民收入分配的均等化而变得更大。庇古的这两个基本命题对研究公共服务的均等化问题产生了基础性的影响，并以此为基础提出打破以往将效率与公平对立起来的观念，从而将效率与公平放在同一平台进行分析与研究。

（二）补偿原则与基本公共服务均等化

补偿原则是西方福利经济学中关于资源配置的一种理论。这一理论的基本思想是市场价格的变化会随着国家推出的任何一项政策而发生变化，并导致一部分人受益、一部分人受损，如果这部分受益人的情况得到改善并且可以补偿受损者，且补偿过后还能产生盈余时，这种结果就能实现整个社会福利的增加。在这里，最关键的是要将受益者的一部分利益转移给受损者。

补偿原则的思想为公共服务的合理分配提供了理论依据。由于我国各地区之间的经济发展是不均等的，还存在着较大差异，这导致了我国各个地区所拥有的公共服务是不同的，以至于人均拥有的公共服务也是不对等的。因此，政府可以采取转移支付的方法为公共服务需求没有得到满足的地区提供更多的公共服务，使基本公共服务更加均等化，以便提高整体社会的福利水平。

（三）社会福利函数理论与基本公共服务均等化

社会福利函数是福利经济学的一个重要研究内容，这一理论强调将收入进行合理化分配，它不等同于收入分配均等化，因为每个个体都有不同的选择偏好，所以将收入平均化并不能保证每个人的福利都有所提升。因此，基本公共服务均等化并不是单纯地将政府提供的公共服务进行简单平均，而是需要考虑个人需求的公共服务“相对均等化”。

由于社会福利函数考虑了人们利益与效益之间的冲突，所以其也强调政府在提出某些政策时应该注意每个人受到这些政策影响的反应是不同的，有些人可能会受益，有些人可能会受损，所以政府应当选择更能提高整体社会福利水平的政策。所以从长远看，公共服务均等化对于社会发展来说具有促进作用，也能够提高社会成员的整体效用水平和社会整体福利水平。

三、公平正义理论

公平正义是中国共产党带领人民矢志不渝的崇高追求，是对马克思主义公平正义观的继承与发展，是政治、经济和法律领域最为重要的价值取向，也是撑起“中国梦”的重要基石。许多国家以这一理论为基础将基本公共服务均等化看作人类天赋的一种权利。

古往今来，思想家们关于正义的定义与内涵给出了多种解释，但是无论是在哪个领域，正义都是人们所追求的价值理念，这一点是永恒不变的，并且对于人类社会的发展与进步也是必不可少的。关于正义这一内涵，不同的社会或阶级的人们有着不同的解释，整体看来，大多数的观点认为公平就是正义，简单来说是同样的人同样对待。

维护正义是现代政府不可推卸的责任。在现实生活中，可能会出现一些利己主义者，即无法和他人达成互惠契约，会做出一些比较自私的行为的人。这就要求政府加强公平正义的维护，并且促进社会的和谐发展。同时也意味着政府所出台的每一项政策都应当保证其公平正义性，否则就说明这一政策具有局限性，不能大力推广。因此，政府在人民群众中必须扮演保证社会公平正义的角色。

公平正义实现的基本有效途径就是促进基本公共服务的均等化，政府应该采取一些措施来承担这一责任，也就意味着政府应该对经济社会实施某种干预，以达到维护公平正义的目的。

四、服务型政府理论

服务型政府是在公民本位、社会本位理念的指导下，在整个社会民主秩序的框架下，通过法定程序，按照公民意志建立起来的以为人民服务为宗旨并承担着服务责任的政府。服务型政府主要是针对中国传统计划经济条件下，政府大包大揽和以计划指令、行政管制为主要手段的管制型政府模式而提出的一种新型的现代政府治理模式。服务型政府以服务为宗旨，这意味着政府与公众的关系将转化为服务供给者与消费者的关系。政府行使权力的主要目的不再是管制，而是为公众提供更好的服务。

服务型政府的本质属性是以社会发展和公民普遍的共同利益为出发点，即完全从人民的需要出发，以为人民服务为宗旨。按照现代公共管理的理念，政府不是凌驾于社会之上的官僚机构，从某种意义上讲，更像是负有责任的“企业家”，公民则是其“顾客”。这里的“企业家”并非生意人，而是不断提高公共资源配置效率的人。服务型政府将以市场即公众需求为导向，因为只有顾客驱动的政府，才能提供满足人们合理、合法需求的公共服务。

服务型政府是一个为全社会提供公共产品和服务的政府。提供公共产品和服务，核心是在公共财政和预算以及财政转移支付的导向上，真正关注普通老百姓的利益、需要和愿望。服务型政府要把钱真正用到惠及老百姓的日常生活上来，投入关乎千家万户生活命脉的义务教育、公共医疗、社会福利和社会保障、劳动力失业和培训、环境保护、公共基础设施、社会安全和秩序等方面上来，使人民安居乐业、生活幸福。基本公共服务的供给关乎国家稳定和社会和谐，基本公共服务均等化的发展历程也是建设服务型政府的过程。

第三节　河北省基本公共服务均等化的发展现状

一、基本公共服务均等化的发展历程

（一）我国基本公共服务均等化政策的演变与发展

2005年，在党的十六届五中全会通过的《中共中央关于制定国民经济和社会发展第十一个五年规划的建议》中首次提出“公共服务均等化”的概念，指出：“健全扶持机制，按照公共服务均等化原则，加大国家对欠发达地区

的支持力度。”公共服务均等化的提出具有重要的政治意义，明确了公共服务均等化的目标，体现了以人为本的思想，有利于预防社会不公平带来的风险。2006年，在第十届全国人大四次会议上提出的《中华人民共和国国民经济和社会发展第十一个五年规划纲要》中明确了“基本公共服务均等化”的概念，并提出：“完善中央和省级政府的财政转移支付制度，理顺省级以下财政管理体制，有条件的地方可实行省级直接对县的管理体制，逐步推进基本公共服务均等化。”

2008年，党的十七届三中全会明确提出：“把国家基础设施建设和社会事业发展重点放在农村，推进城乡基本公共服务均等化，实现城乡、区域协调发展，使广大农民平等参与现代化进程、共享改革发展成果。”2010年，在第十七届五中全会上通过的《中共中央关于制定国民经济和社会发展第十二个五年规划的建议》中强调，基本公共服务均等化发展要结合我国的实际国情，注重各区域的均等，实施区域发展总体战略和主体功能区战略，建立完善可持续的基本公共服务体系，惠及人民，保障民生。

2011年，我国公布的《中华人民共和国国民经济和社会发展第十二个五年规划纲要》中，将基本公共服务均等化这一政策导向进一步整理细化，其中第八篇“改善民生建立健全基本公共服务体系”指出，要“坚持民生优先，完善就业、收入分配、社会保障、医疗卫生、住房等保障和改善民生的制度安排，推进基本公共服务均等化，努力使发展成果惠及全体人民”。在财政体制改革上要求：“围绕推进基本公共服务均等化和主体功能区建设，完善转移支付制度，增加一般性特别是均衡性转移支付规模和比例，调减和规范专项转移支付。”

2012年7月，我国出台《国家基本公共服务体系“十二五”规划》，将基本公共服务范围确定为“公共教育、劳动就业服务、社会保障、基本社会服务、医疗卫生、人口计生、住房保障、公共文化等领域”。这一规划明确了基本公共服务体系的主要目标和指导思想，详细阐述了各个公共服务领域的重点任务以及建立各基本公共服务的国家基本标准，指明了我国基本公共事业发展的方向。2012年11月，在党的十八大报告中，首次提出了“基本公共服务均等化”的要求。在“人民生活水平全面提高”的目标中，首先强调的就是“基本公共服务均等化总体实现”，标志着基本公共服务均等化成为社会建设的重要目标。

2015年10月，党的十八届五中全会通过的《中共中央关于制定国民经济和社会发展第十三个五年规划的建议》中提出，要坚持“共享发展”：加强义务教育、就业服务、社会保障、基本医疗和公共卫生、公共文化、环境保护等基本公共服务，努力实现全覆盖。2016年4月，《中华人民共和国国民经济和社会发展第十三个五年规划纲要》提出，坚持普惠性、保基本、均等化、可持续方向，从解决人民最关心最直接最现实的利益问题入手，增强政府职责，提高公共服务共建能力和共享水平。并提出围绕标准化、均等化、法制化，加快健全国家基本公共服务制度，建立国家基本公共服务清单，动态调整服务项目和标准，促进城乡区域间服务项目和标准有机衔接。

2017 年 1 月，国务院下达关于印发《“十三五”推进基本公共服务均等化规划》的通知，这是“十三五”乃至更长一段时期内推进基本公共服务体系建设的综合性、基础性、指导性文件。该文件明确了建立国家基本公共服务清单制度，确定了公共教育、劳动就业创业、社会保障等 8 个领域 81 个基本公共服务项目，使老百姓学有所教、困有所帮、劳有所得、住有所居、老有所养、文体有获、病有所医、残有所助。2017 年 10 月，党的十九大报告中提出，从 2020 年到 2035 年，基本公共服务均等化基本实现。实现基本公共服务均等化的关键是推进基本公共服务的标准化，通过健全基本公共服务标准体系，确保基本公共服务覆盖全民、兜住底线和均等享受，使人民群众的获得感、幸福感、安全感更加充实、更有保障、更可持续。

2021年3月，十三届全国人大四次会议通过《中华人民共和国国民经济和社会发展第十四个五年规划和2035年远景目标纲要》，强调要把“基本公共服务均等化水平明显提高”作为“十四五”时期我国经济社会发展的主要目标，并提出2035年“基本公共服务实现均等化”。这要求我们牢固树立系统观念，加强前瞻性思考、全局性谋划、整体性推进，坚持尽力而为、量力而行，完善公共服务供给体系，提升公共服务供给能力，推动公共服务均衡、优质、创新发展。

2022年1月，经国务院批复同意，国家发展改革委等部门联合印发了《“十四五”公共服务规划》（以下简称《规划》）。《规划》提出，到2025年，公共服务制度体系更加完善，政府保障基本、社会多元参与、全民共建共享的公共服务供给格局基本形成，民生福祉达到新水平。围绕“七有两保障”，《规划》设计了22项指标，其中约束性指标7项、预期性指标15项。《规划》明确了以标准化推进基本公共服务均等化的路径，首次将覆盖面更广、服务内容更丰富、需求层次更高的非基本公共服务和能够与公共服务密切配合、有序衔接的高品质多样化生活服务同步纳入规范范围，提出了系统提升公共服务效能的支持政策。

（二）河北省基本公共服务均等化政策的演变与发展

2007年1月，河北省政府工作报告中对公共服务涉及的相关领域提出了具体要求，提出要扩大就业，扩大社会保险覆盖面，优先发展教育事业，提高全民科学素养，大力发展卫生事业，要注重统筹城乡和区域协调发展，注重促进社会发展和解决民生问题。河北省2008年的政府工作报告中提出，要以优先发展教育、建设医疗卫生事业、积极扩大就业、推进文化建设、健全社会保障体系、维护公共安全为重点，努力保障和改善民生，促进社会公平正义，推动社会和谐发展。河北省2010年的政府工作报告中指出，要继续扩大公共服务、发展社会事业、增进人民福祉，要完善公共服务体系，将公共资源更多地向民生领域倾斜。

2013年12月，河北省政府第十五次常务会讨论通过的《河北省基本公共服务行动计划（2013—2015年）》中提出，要全力推动公共教育、劳动就业服务、社会保险、社会服务、医疗卫生、计划生育、住房保障、公共文化体育、残疾人服务9个领域的基本公共服务发展，推动基本公共服务在城乡和区域间的均等化。此外，还提出到2015年，全省要初步完善覆盖城乡、功能比较健全、资源布局相对合理、水平适度的基本公共服务体系，基本公共服务投入明显增长，基本公共服务预算支出占财政支出比重逐步提高，农村与城市、发达与欠发达地区享受基本公共服务的差距大大缩小，社会满意度明显提高。

2016年1月，河北省政府工作报告中指出，“十二五”时期，河北省教育、医疗、文化、卫生、养老等公共服务领域合作不断深化，改革迈出新步伐，协同发展为河北省带来的全方位、历史性变化正日益显现。“十三五”时期，要进一步健全城乡发展一体化体制机制，逐步实现城乡基本公共服务均等化、资源配置合理化、产业发展融合化。

2018年6月，河北省人民政府印发《河北省“十三五”推进基本公共服务均等化规划》（以下简称《河北省“十三五”规划》）中提出，到2020年，河北省基本公共服务体系更加完善，体制机制更加健全，在幼有所育、学有所教、劳有所得、病有所医、老有所养、住有所居、弱有所扶等方面持续取得新进展，基本公共服务均等化总体实现。此外，《河北省“十三五”规划》中还对“十三五”时期基本公共服务领域主要发展指标提出了具体要求。

2020年，河北省政府工作报告中提出，要着力增进民生福祉，共享高质量发展成果。在全省基本公共服务工作上要求要进一步稳定就业，深入实施全民参保计划，稳步推进低保城乡统筹，提高教育质量，完善城乡公共文化服务体系等。2021年，河北省政府工作报告中强调，要优化区域公共资源配置、强化公共卫生队伍建设以及着力发展文化事业和文化产业等目标任务，推进共建共享，切实保障和改善民生。

2021 年 5 月，河北省发布《河北省国民经济和社会发展第十四个五年规划和二〇三五年远景目标纲要》。该文件提出，要围绕公共教育、就业创业、社会保险、医疗卫生、社会服务、住房保障、公共文化体育、优抚安置、残疾人服务等领域进一步提升基本公共服务均等化水平，建立健全基本公共服务标准体系以及动态调整机制，实现城乡及区域间服务标准水平衔接平衡。

二、河北省基本公共服务均等化的发展现状

自国家提出基本公共服务均等化要求以来，河北省各级政府积极响应，并不断探索和实践，河北省基本公共服务均等化水平有了一定的发展。

（一）教育事业高质量发展

河北省坚持优先发展教育，并致力于教育事业的均衡发展，具体表现在以下几个方面：第一，河北省落实城乡教育资源共建共享政策，推进城乡义务教育公办学校标准化，并不断提升教育质量。第二，河北省注重学前教育，不断健全学前教育资助制度，建设惠普性幼儿园，保障农村儿童和新增适龄儿童入园需求，2012 年新改扩建公办幼儿园 523 所。第三，河北省实施义务教育“两免一补”政策城乡全覆盖，山区教育扶贫工程、义务教育学校标准化工程。第四，河北省重视师资队伍建设，“十三五”时期推动实施乡村教师支持计划、农村教师特岗计划以及小学全科教师免费培训计划等举措，全面提升河北省教师队伍建设水平。“十四五”时期，河北省提出教师教育振兴行动计划以及教师队伍素质提升计划，进一步提升教师的知识能力和水平。

2019年，河北省九年义务教育巩固率达到97.60%，建档立卡贫困家庭适龄儿童少年辍学人数实现了动态清零。2020年，河北省中等职业学校在校生83.79万人，普通中学在校生453.30万人，小学在校生695.92万人，幼儿园在园幼儿245.31万人。目前，河北省正在不断完善全民终身学习推进机制，搭建终身学习服务平台，鼓励建立个人终身学习账户，构建服务全民的终身学习体系，并大力发展继续教育、线上教育、老年教育等，积极推动学习型社会的建立。

（二）就业优先深入实施

河北省全面实施公共就业服务制度，包括就业政策法规咨询、信息发布、职业指导、就业失业登记等服务项目，并以就业援助为重点，健全失业动态监测、预测预警和预防调控“三位一体”的工作机制。此外，河北省还全面落实就业优先政策，推进劳动就业和社会保障服务平台的建设，

积极促进稳就业保就业，更好地为群众就业提供服务。同时，河北省还注重对失业人员、农民工、退役军人等特殊群体职业技能的培训，在促进就业的同时有效地缓解了社会矛盾，促进了社会的和谐稳定。2021年，河北省筹集省以上财政就业创业补助资金31.20亿元，促进城镇新增就业92.50万人；落实普惠性失业保险稳岗返还资金7.68亿元，助力企业稳岗；优化创业担保贷款奖补资金申请、分配和拨付流程，撬动新发放贷款19亿元，直接扶持7100多人自主创业。

（三）医疗卫生服务体系不断完善

河北省在基本医疗卫生服务中继续实施国家基本和重大公共卫生服务项目，不断加强对各种疾病的监测和预防控制。河北省提出，每县办好一所县级公立综合医院和一所县级公立中医医院，每个乡镇办好一所标准化乡镇卫生院，每个行政村办好一个村卫生室，在每个街道办事处范围或每3万～10万居民设置一个社区卫生服务中心。河北省优先支持国家扶贫开发工作重点县、燕山-太行山集中连片特困地区县级及以下医疗卫生机构建设，打造30分钟基层医疗服务圈，基层医疗卫生机构标准化达标率达到95%以上。河北省不断深化医药卫生体制改革，继续完善和健全分级诊疗制度、城乡一体化管理制度、全民医保制度等，努力实现区域卫生服务资源均衡配置。

截至 2020 年，河北省共有医疗卫生机构 86926 个，其中医院 2246 个，乡镇卫生院 1996 个，社区卫生服务中心（站）1459 个，妇幼保健院（所、站）187 个，疾病预防控制中心 188 个；卫生技术人员 51.8 万人，其中执业医师及执业助理医师 23.96 万人，注册护士 19.99 万人；医疗卫生机构床位 44.07 万张，其中医院 34.7 万张，乡镇卫生院 6.99 万张。2021 年，全省卫生健康支出 860.6 亿元，建立健全职工基本医保门诊共济保障制度，实现了职工医保市级统收统支、全省范围内门诊和住院费用直接结算。另外，2021 年，河北省提高人均基本公共卫生服务经费补助标准至 79 元，居民医保人均财政补助标准新增 30 元，达到每人每年不低于 580 元。

（四）养老服务体系正在逐步建立

河北省正在逐步构建“以居家为基础、社区为依托、机构为补充、医养相结合、信息为辅助，覆盖城乡、功能完善、服务优良、监管到位”的多层次、多元化养老服务体系。河北省鼓励支持民间资本和社会力量参与到社区居家养老服务中，同时大力发展康复、长期护理、安宁疗护等接续性服务，2021 年年底前，每个县（市、区）至少建设 1 所康复医疗中心。

河北省大力发展普惠型养老和互助性养老，支持区域养老服务建设，推动河北省敬老院改造、公共设施适老化改造和发展，加快街道综合养老机构建设，并提高养老机构护理型床位占比，推动养老事业和养老产业协同发展。2020 年，河北省新改扩建社区养老设施 457 所，2021 年实施养老服务提质增能工程和助残助孤工程，落实省以上资金 7.1 亿元，推进社区日间照料，保障孤儿和事实无人抚养儿童的基本生活。

（五）公共文化体育事业不断发展

河北省全面落实基本公共文化服务实施标准，促进城乡基本公共文化资源共建共享，努力推行“菜单式”“订单式”的公共文化服务，促进各公共图书馆、文化馆、综合文化站免费开放，提高公共文化服务水平。同时，河北省进一步健全标准化公共文化服务体系，促进公共文化服务主体和供给方式的多元化发展，不断提升公共文化服务的质量。2020 年，全省有博物馆 144 个、公共图书馆 177 个、文化馆 182 个、档案馆 185 个。2020 年年末，广播节目综合人口覆盖率达 99.77%，电视节目综合人口覆盖率达 99.84%，出版各类报纸 9.64 亿份、各类期刊 3920.92 万册、图书 30098 万册（张）。

河北省大力推进全民健身计划，加强健身场地设施建设，推广普及冰雪运动，实施青少年体育活动促进计划，等等。在提高全民身体素质的同时进一步促进体育事业的蓬勃发展。此外，河北省还不断完善竞技体育举国机制，承办全国高水平赛事，进一步提高体育社会化水平。2021 年，河北省运动健儿在全国高水平赛事中共获金牌 21 枚、银牌 25 枚、铜牌 23 枚，河北省体育健儿在东京奥运会、残奥会上创历史最好成绩，金牌数列全国第三位和第二位。

（六）住房保障体系不断优化

河北省始终坚持“房子是用来住的，不是用来炒的”，不断完善租赁补贴制度，健全保障性住房投资运营和准入推出机制，大力实施城镇棚户区改造攻坚计划，基本完成现有城镇棚户区、城中村和城市危房改造任务。2021年，河北省改造老旧小区3057个、棚户区11万套，城中村改造启动459个，总量居全国第二。另外，重点建设普通商品住房、规范公租房，多主体供给、多渠道保障、租购并举的住房制度体系正在稳步推进。

2022年3月，河北省住房和城乡建设厅印发《2022年河北省城镇住房保障工作要点》，提出加快完善以公租房、保障性租赁住房和共有产权住房为主体的城镇住房保障体系，狠抓棚户区改造安置房建设，大力发展保障性租赁住房，优化公租房服务，探索发展共有产权住房，推动城镇住房保障工作高质量发展。

（七）平安河北持续推进

河北省认真落实国家安全战略，始终坚持总体国家安全观，完善社会治理体系，保证社会安定，以河北之稳保卫首都安宁。河北省不断完善安全生产责任制，建设应急管理信息综合平台，开启安全生产风险检测预警系统数据采集工程。河北省加强重点领域的专项整治，加强食品医药严格监管，加快完善应急管理体系、公共安全管理体系，完善社会矛盾调处体系，持续提高社会安全水平，最大限度地保护人民生命及财产安全，保障社会稳定发展，推进平安河北建设。

2020年，河北省防灾减灾救灾能力不断增强：有效应对多个强降雨过程，强力排查整治城市内涝点，平安顺利度过汛期；全省森林火灾起数同比下降68.3%；安全生产事故总量、较大事故、工矿商贸事故实现“三个双下降”；安全生产事故起数、死亡人数“双下降”。2021年，平安河北建设扎实推进，圆满地完成了庆祝建党一百周年的安保任务，政法队伍教育整顿成效明显，扫黑除恶常态化开展，食品药品监管力度进一步加大。

总的来说，从以上对河北省基本公共服务均等化的举措和现状分析来看，近年来河北省各项基本公共服务发展都取得了一定的成效，不同领域的基本公共服务体系均得到进一步完善。然而，河北省基本公共服务均等化水平还有待进一步提高，统筹城乡一体化、区域协调发展还需深入落实。推进基本公共服务均等化关系到社会公平和人民福祉，可以缩小城乡和地区之间人们在享有基本公共服务的差距，有效缓解社会矛盾，促进社会和谐发展。

第三章　基本公共服务均等化视角下的河北省经济指标分析

我国在“十四五”时期的规划中将提高基本公共服务均等化水平作为一个明确要求。基本公共服务均等化是指全体公民都可以最大限度地获得大概均等的基本公共服务，其目的主要是消除我国长期存在的基本公共服务供给不足以及分配不均等社会现象，旨在保障公民得到基本公共服务的合法权利。基本公共服务均等化的实现不仅能够将高质量发展理念的基础落到实处，还是落实民生安全与保障的重要基石。

基本公共服务均等化理念是将共享理念作为价值追求，可以促进优质资源的有效配置以及社会公平、公正、公开的有序发展。均等化的公共服务可以在一定程度上缩小地区之间的财力差距，将“分好蛋糕”作为均等分配的公共机制，既能够降低低收入人群在接受公共服务时的支出负担，同时又可以提升高收入人群在享受公共服务时的获得感。此外，均等化的公共服务还可以缩小城乡之间的体制差异，促进不同区域之间的均衡发展。现在，就我国基本公共服务均等化的发展而言，各省市之间、各地区之间、城乡之间均存在较大差异，其中基本公共服务供给不足主要体现在两个方面：一是总体经济能力的强弱；二是政府财政投入的多少。而基本公共服务的分配不均则主要是由区域之间的经济不均等，即地区之间经济能力和政府财政投入的差异导致的。

本章着重分析河北省各城市间的经济差异状况，主要从人均 GDP、城镇居民人均可支配收入以及农村居民人均可支配收入几个指标来分析，以便从中了解河北省基本公共服务均等化的现实经济基础状况，并根据各城市之间的差异，有针对性、有侧重点地提出一些对策，进而提升河北省基本公共服务的均等化水平。

第一节　河北省基本经济状况

河北省简称“冀”，东临渤海，内环京津，其一直占据着优越的地理位置，这给其经济发展带来了一定的优势。随着“京津冀协同发展”这一重大国家战略的提出，河北省利用地域优势，充分发挥自身优势，积极主动参与到京津的经济发展与建设中去，将产业的转化升级作为经济发展的首要目标，极大地推动了省内的经济发展。但是地理位置带来便利的同时，也对河北省的经济发展产生了一些不利影响，比如京津所带来的人口虹吸效应以及为了保障首都的生态环境和水资源的质量，河北省的产业发展受到了一定制约，依靠自身力量难以实现经济的快速发展，河北省的经济发展状况相较于其他沿海经济大省还有一定的差距。同时，河北省 11 个城市之间，也由于自然地理环境、区位条件、生产力布局以及地方政策等方面的差异，产生了较大的经济差异。简而言之，河北省是一个地势优越、资源丰富的经济强省，同时又是区域差异相对来说比较显著的一个省份。

一、地理位置优越

河北省地处于华北平原，东临渤海，环绕北京、天津两大经济巨头，是连接东北与华东、华南与华中等区域的枢纽地带。随着政府一系列开放政策的推行实施，环渤海地区成为中国经济发展最快、改革开放程度最大的地区之一。河北省由于其独特的环京津与环渤海经济圈的地理位置，与北京、天津两大城市的经济相互渗透与辐射，也被政府纳入重点开发地区。同时，随着市场经济体系的逐步改革与完善，河北省与京津两地的经济融合度在增加，并且改革开放的程度也在不断提高，其经济发展速度也得到了前所未有的提高。

河北省良好的地理位置能够促进自身全方位发展，并且自然资源丰富，拥有工业优势，与京津两地的高科技技术结合起来，可以加快河北省经济结构模式的转变，提高工业产业的发展。京津冀一体化的发展能够有效地促进各个地区之间的广泛交流，并在一定程度上完善河北省交通网络的建设，在三地之间建成了方便快捷的交通网络。同时，河北省在京津冀中扮演着沟通京、津两地的角色，是发展三地产业的重要转接地，并对带动自身经济的快速发展起到了促进作用。

二、资源丰富

河北省不仅拥有优越的地理条件，其资源含量也相当丰富。河北省是中国的农业大省之一，其耕地资源十分丰富，耕地面积高达 648.46 万公顷，人均耕地面积处于全国中等水平。此外，河北省海岸带总面积为 100 万公顷，海洋生物资源多达 200 多种，是中国北方最重要的水产基地。不仅如此，河北省也是矿产资源大省，直到现在已发现矿产种类 129 种，其中有 45 种矿产资源的储量居于全国省份的前十位。此外，河北省的能源资源也十分充裕，种类齐全，储量丰富，主要包括煤炭、石油和天然气等资源。这些资源分布广泛，体系完整，为各项产业的建设和发展提供了良好基础和有利条件。

此外，河北省资源相较于其他省市虽然较为丰富，但由于人口总量较大且人口文化素质不高等因素，导致河北省的人口、环境资源与经济发展之间存在着一些矛盾。河北省在经济发展的进程中，面临着人口众多、资源相对不足、生态环境脆弱等方面的严峻挑战，这些问题都制约着河北省经济的发展。所以在人口、自然资源与经济协调这个相对复杂的系统环境中，可持续发展理念显得尤为重要。人类在谋求经济快速发展的同时，要考虑到对自然资源的合理利用，必须要找到促进人与自然和谐相处、经济发展与自然资源协调发展的最优路径。

三、经济强省

GDP是国内生产总值的缩写，是指按照市场价格计算一个地区所有常驻单位在一定时期内生产活动的最终成果，也是国民新经济体系中的核心指标，能够直观地反映一个地区的经济状况与人民的生活水平。根据图3-1可知，自改革开放以来，河北省经济发展一直呈现出稳步增长态势，河北省的GDP由1978年的183.1亿元，增长至2020年的36206.9亿元，是1978年的197倍之多；河北省的人均GDP由1978年的364元增长至2020年的48564元，是1978年的133倍之多。

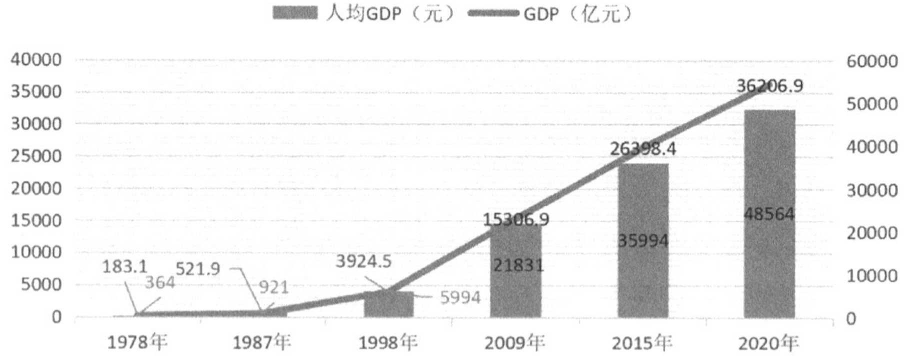

图 3-1　河北省主要年份 GDP 及人均 GDP 情况

影响地区生产总值的因素有很多，如第一、二、三产业的构成及其变化等。由图 3-2 可知，河北省第三产业占比一直呈现出增长趋势，由 2015 年的 44.6%增长至 2019 年的 51.3%；而第一、二产业占比则呈现出下降趋势，第一产业由 2015 年的 11.7%减少至 2019 年的 10%，第二产业由 2015 年的 43.7%减少至 2019 年的 38.7%。工业产业的发展一直都是国民经济发展的重要推动力量，我们可以看到，近些年河北省第三产业随着工业结构的不断调整而逐步增长，是河北省经济发展的重要基石，是推动河北省经济稳步增长的关键力量。

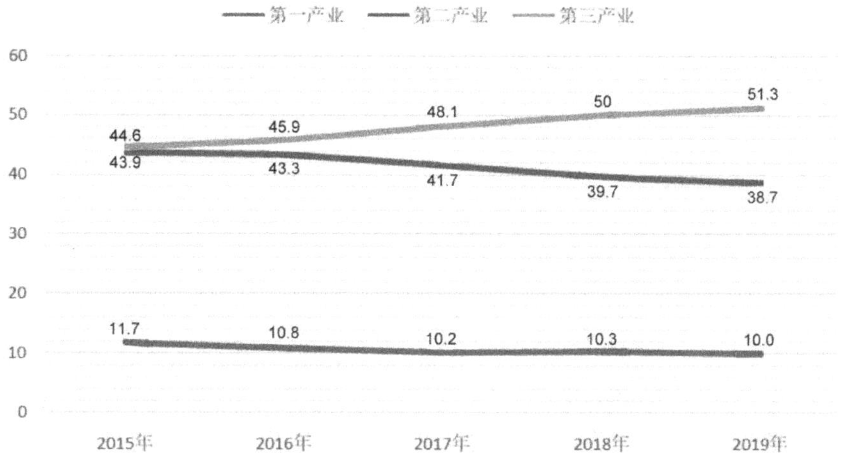

图 3-2　河北省地区生产总值构成（单位：%）

如表3-1所示，河北省2020年在中国内地各省之间的排名是第十二，相较于2019年，河北省实际增速达3.9%，名义增速为3.1%，与各省市经济增速相比，属于增速较快的省份。2019年，在新冠肺炎疫情的影响下，河北省的经济发展不比从前，但是在大环境下看来，河北省还属于经济强省，保持着经济排名中上等的水平。

表 3-1　2020 年中国内地各省市 GDP 排名情况

单位：亿元

排序	省份	2020 年 GDP	2019 年 GDP	实际增速	名义增量	名义增速
1	广东	110760.94	107671.07	2.3%	3089.87	2.9%
2	江苏	102719	99631.52	3.7%	3087.48	3.1%
3	山东	73129	71067.5	3.6%	2061.5	2.9%
4	浙江	64613	62352	3.6%	2261	3.6%
5	河南	54997.07	54259.2	1.3%	737.87	1.4%
6	四川	48598.76	46615.82	3.8%	1982.98	4.3%
7	福建	43903.89	42395	3.3%	1508.89	3.6%
8	湖北	43443.46	45828.31	−5.0%	−2384.85	−5.2%
9	湖南	41781.49	39894.14	3.8%	1887.35	4.7%
10	上海	38700.58	38155.32	1.7%	545.26	1.4%
11	安徽	38680.6	37114	3.9%	1566.6	4.2%

（续表）

排序	省份	2020 年 GDP	2019 年 GDP	实际增速	名义增量	名义增速
12	河北	36206.89	35104.5	3.9%	1102.4	3.1%
13	北京	36102.6	35371.3	1.2%	731.3	2.1%
14	陕西	26181.86	25793.17	2.2%	388.19	1.5%
15	江西	25691.5	24757.5	3.8%	934	3.8%
16	辽宁	25115	24909.5	0.6%	205.5	0.8%
17	重庆	25002.79	23605.77	3.9%	1397.02	5.9%
18	云南	24500	23223.75	4.0%	1276.25	5.5%
19	广西	22156.69	21237.14	3.7%	919.55	4.3%
20	贵州	17826.56	16769.34	4.5%	1057.22	6.3%
21	山西	17651.93	17026.68	3.6%	625.25	3.7%
22	内蒙古	17360	17212.5	0.2%	147.5	0.9%
23	天津	14083.73	14104.28	1.5%	−20.55	-0.1%
24	新疆	13797.58	13597.11	3.4%	200.47	1.5%
25	黑龙江	13698.5	13612.7	1.0%	85.8	0.6%
26	吉林	12311.32	11726.8	2.4%	584.52	5.0%
27	甘肃	9016.7	8718.3	3.9%	298.4	3.4%
28	海南	5532.39	5308.94	3.5%	223.45	4.2%
29	宁夏	3920.55	3748.48	3.9%	172.07	4.6%
30	青海	3005.92	2965.95	1.5%	39.97	1.3%
31	西藏	1902.74	1697.82	7.8%	204.92	12.1%

数据来源：各省统计局官方网站

第二节 河北省主要经济指标分析

一、GDP 以及人均 GDP

GDP 是体现一个地区的经济水平的重要指标，体现人民的经济状况与生活水平，GDP 将所有服务部门的增加值计算在内，可以反映出现代产业结构的变化，以及教育、科学技术、金融等第三产业在社会经济中的作用。一般而言，一个地区的 GDP 越高，增长速度越快，表明其经济发展速度越快，消费能力越强。我们用这一指标来反映河北省 11 个城市的基本经济状况。

如表 3-2 所示，近 5 年来，河北省 11 个城市除保定市的 GDP 呈现出少许负增长趋势外，其余 10 个城市的 GDP 的变化均呈现出稳定的增长趋势。但是值得注意的是，每个地区的年平均增长速度各不相同，其中增长速度较快的是秦皇岛市和廊坊市，分别达到 4.71%和 4.05%，作为省会城市的石家庄市年均增长速度仅为 0.26%。

由表 3-2 中各年份 GDP 的最大值与最小值之比可以进一步得到极差率，而从极差率这一指标数值可以看出，河北省各地区间的总体差异程度较大，大概在 4.70 左右。虽然近 5 年极差率呈现不断缩小的态势，但减少幅度不大，从 2016 年的 4.71 缩小至 2020 年的 4.65，变化不显著。从总体上看，各地区的经济差异仍然十分明显。

表 3-2　河北省 11 个地区 2016—2020 年 GDP 总值一览表

单位：亿元

地区	2016 年	2017 年	2018 年	2019 年	2020 年	年均增长速度
唐山市	6306.2	7106.1	6955.0	6890.0	7210.9	2.72%
石家庄市	5857.8	6003.5	5586.6	5809.9	5935.1	0.26%
沧州市	3533.4	3816.9	3676.4	3588.0	3699.9	0.93%
邯郸市	3337.1	3666.3	3454.6	3486.0	3636.6	1.73%
保定市	3435.3	3227.3	3256.9	3772.2	3353.3	−0.48%
廊坊市	2706.3	2880.6	3108.2	3196.0	3301.1	4.05%
邢台市	1954.8	2236.4	2150.8	2120.0	2200.4	2.40%
秦皇岛市	1339.5	1506.0	1635.6	1612.0	1685.8	4.71%
衡水市	1413.4	1550.1	1558.7	1504.9	1560.2	2.00%
张家口市	1461.1	1555.6	1536.6	1551.1	1600.1	1.83%
承德市	1432.9	1618.6	1481.5	1471.0	1550.3	1.59%
最大值	6306.2	7106.1	6955.0	6890.0	7210.9	—
最小值	1339.5	1506.0	1481.5	1471.0	1550.3	—
极差率	4.71	4.72	4.69	4.68	4.65	—
全省汇总	32777.8	35167.4	34400.9	35001.1	35733.7	—

数据来源：各地区统计公报

2016—2020 年间，唐山市的生产总值一直居于河北省首位，在 2020 年达到了其最高值 7210.9 亿元，其次便是石家庄市、沧州市、邯郸市。秦皇岛市在 2016 年的 GDP 总量为最低值，但是随着后几年经济增长速度不断提升，达到了河北省 GDP 平均增长速度最快的水平，超过了衡水市、张家口市、承德市的经济水平。而承德市则从 2018 年开始一直处于河北省 GDP 总量的最低值，其经济水平有待提高。

从经济学的角度来看，GDP总量是一个衡量总体经济水平的指标，其规模大小会受到多种因素的影响，比如资源因素、人口因素、历史因素、区位因素等。所以，仅仅只从GDP数值来分析河北省11个城市间的经济水平的差异是远远不够的，单一的GDP指标数值的大小还不能反映各地之间的经济差异和人们的生活及福利水平。

因此，考虑到人口因素的影响，人均 GDP 数值可能更能反映地区之间的经济差异状况。根据图 3-3 所示，近 5 年，河北省人均 GDP 数值排名前五的城市有沧州市、唐山市、廊坊市、石家庄市以及秦皇岛市；而保定市、衡水市、邢台市和张家口市这几个地区的人均 GDP 数值则一直处于较低水平。

2015—2017 年这 3 年间，沧州市的人均 GDP 一直处于河北省首位，唐山市与廊坊市位于其后，二者不相上下；2018—2019 年，沧州市的人均 GDP 直线下降，唐山市开始稳居河北省首位，其余市区均处于较低水平，而邢台市和保定市两个城市的人均 GDP 则一直位列河北省倒数。这表明河北省各地区之间的人均 GDP 差距还比较大，这也是河北省各地区间基本公共服务均等化差异的主要因素。

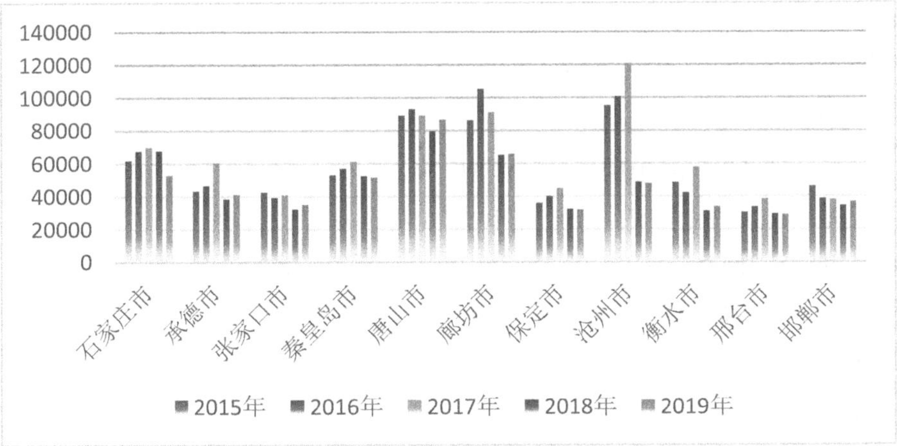

图 3-3　2015—2019 年河北省 11 个地区人均 GDP 情况（单位：元）

根据表 3-3 所知，从河北省各市之间人均 GDP 的最大值与最小值之比可以进一步获得极差率。通过极差率的变化来看，2017 年河北省各城市之间的人均 GDP 差异最大，达 3.20，2017—2018 年呈现下降趋势，从 3.20 降至 2.72，但是至 2019 年又增长至 3.02。这说明河北省各地的人均 GDP 差异仍然保持在一个较高水平，或者说是没有明显减少的迹象，同时也更能表明，作为河北省各城市基本公共服务均等化实现的现实经济基础还需要较长时间才能实现均衡发展，也必将使得各城市基本公共服务均等化的实现需要漫长的过程。

表 3-3　河北省 2015—2019 年人均 GDP 地区差异情况

单位：元

	2015 年	2016 年	2017 年	2018 年	2019 年
最大值	95188	100717	120805	79582	86667
最小值	30186	33372	37796	29210	28707
极差率	3.15	3.02	3.20	2.72	3.02

数据来源：《河北经济年鉴》

二、河北省城乡居民生活水平

居民生活水平通常是指在某一社会发展阶段，居民用以满足物质文化以及生活需要的社会产品和劳务的消费程度。居民的生活质量与现状也能通过对居民生活水平的数据分析直接反映。一般而言，居民的收入水平越高，其消费能力也会随之增长，同时对生活质量的要求也会随之提高，并最终导致对公共服务以及均等化的需求增强。

（一）河北省城镇居民生活情况

由表3-4所知，河北省城镇居民的人均可支配收入在逐年上涨，由2013年的22227元增长至2019年的35738元，在短短6年之内增长了约1.61倍，这表明河北省城镇居民的生活水平近年来得到了持续改善。河北省城镇居民的人均消费支出也逐年增长，由2013年的14970元增长至2019年的23483元，增长了约1.57倍，反映出近些年河北省城镇居民的消费能力不断提升。

恩格尔系数是指居民家庭中食物支出占总消费支出的比重，是用来衡量家庭富足程度的重要指标。其数值越低，说明居民越富裕，生活水平越高。从表 3-4 可以看出，河北省近几年城镇居民消费的恩格尔系数整体呈现出下降趋势，由 2013 年的 26.9%下降至 2019 年的 25.7%。通过河北省近年来恩格尔系数的变化可知，河北省城镇居民的消费倾向已经不再仅仅是以单纯维持温饱为主的食品消费，消费支出结构已经开始逐渐向多元化发展，这必将导致对公共服务的需求与日俱增。

表 3-4　河北省 2013—2019 年城镇居民生活情况一览表

年份	人均可支配收入（元）	指数（上年为100）	人均消费支出（元）	指数（上年为100）	食品支出（元）	恩格尔系数（%）
2013	22227	100.0	14970	100.0	4024	26.9
2014	24141	108.6	16204	108.2	4241	26.2
2015	26152	117.7	17587	117.5	4581	26.0
2016	28249	127.1	19106	127.6	4992	26.1
2017	30548	137.4	20600	137.6	5067	24.6
2018	32977	148.4	22127	147.8	5555	25.1
2019	35738	160.8	23483	156.9	6024	25.7

数据来源：《河北统计年鉴 2020》

（二）河北省农村居民生活情况

由表 3-5 可知，河北省农村人均可支配收入近些年也呈现出稳定的上升趋势，由 2013 年的 9188 元增长至 2019 年的 15373 元，增长了约 1.67 倍。河北省农村居民的人均消费支出也逐年增长，由 2013 年 7377 元提高至 2019 年的 12372 元，增长了约 1.68 倍，说明近几年河北省农村居民的消费水平也在不断提高。

此外，从表 3-5 可以看出，河北省近几年农村居民消费的恩格尔系数整体呈现出下降趋势，由 2013 年的 29.9%下降至 2019 年的 26.7%，说明河北省农村居民的消费倾向也在逐步改变，以食物为主的消费结构正在升级，逐渐呈现出多元化的发展态势，这必将导致农村居民对生活质量的要求进一步提高，更加关注精神层面的需求及实现，这也为农村积极开展各类公共服务提供了契机和平台。

表 3-5 河北省 2013—2019 年农村居民生活情况一览表

年份	人均可支配收入（元）	指数（上年为100）	人均消费支出（元）	指数（上年为100）	食品支出（元）	恩格尔系数（%）
2013	9188	100.0	7377	100.0	2205	29.9
2014	10186	110.9	8248	111.8	2421	29.4
2015	11051	120.3	9023	122.3	2578	28.6
2016	11919	129.7	9798	132.8	2745	28.0
2017	12881	140.2	10536	142.8	2817	26.7
2018	14031	152.7	11383	154.3	3003	26.4
2019	15373	167.3	12372	167.7	3298	26.7

数据来源：《河北统计年鉴 2020》

（三）河北省城乡居民收入差异情况

由图 3-4 可知，河北省近几年的城乡居民的人均可支配收入均呈现出不断上涨的趋势，这反映出城乡居民的生活水平在稳步提高。但比较城乡人均可支配收入的差异我们不难发现，河北省城乡之间存在着较大的差异。2013 年，河北省农村居民的人均可支配收入还没有突破 1 万元，只达到了 9188 元，而城镇居民的人均可支配收入在 2013 年就已经达到了 22227 元，已经突破了 2 万元，是农村居民的近 2.42 倍。

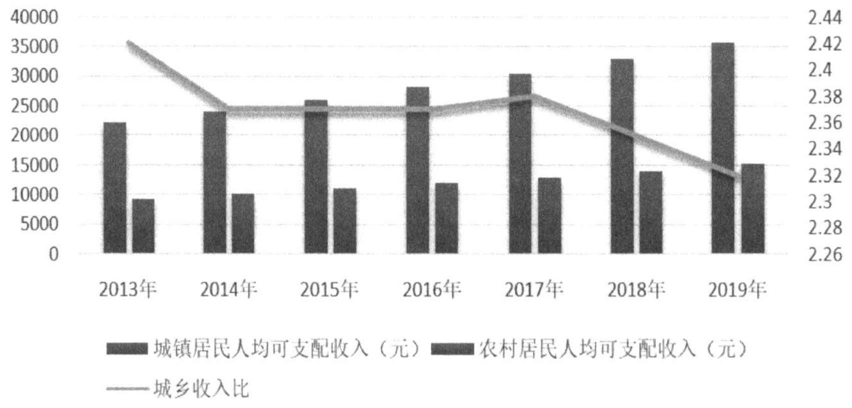

图 3-4　河北省 2013-2019 年城乡人均收入及人均收入城乡比

就河北省城镇与农村居民可支配收入的比值变化来看，城乡可支配收入比值整体呈现出下降趋势，由 2013 年的 2.42 下降到 2019 的 2.32，这表明河北省城乡居民人均可支配收入的差异是在不断缩小的，但减少幅度有待进一步增加，城乡差异依旧维持在较高水平。因此，如果不能采取一些有效措施解决农村居民的收入问题，河北省城乡居民的可支配收入差异很有可能还会进一步加大，这与我们新时期所提出的城乡均衡发展相悖。因此，如何提高农村居民的收入水平，减少城乡居民之间的可支配收入差异，是政府提升基本公共服务水平、履行政府职能所要解决的关键问题。

（四）河北省地区间的收入差异情况

为了能够更直观、更全面地了解到河北省各地区之间的经济差异状况，我们选取了 2013—2019 年 7 年的数据进行对比分析，如表 3-6 和表 3-7 所示。

1.河北省城镇居民人均可支配收入地区差异

根据表3-6中的数据显示，2013—2019年间，河北省城镇居民人均可支配收入最高的地区一直是廊坊市，2013—2016年间城镇居民人均可支配收入最低的是衡水市，而2017—2019年间，城镇居民人均可支配收入最低的是邢台市。

近几年，河北省城镇居民人均可支配收入地区间的极差率，即最大值与最小值之间的比值，一直处于相对均衡的状态，并且呈现出下降趋势，由

2013 年的 1.52 下降至 2019 年的 1.39；但是各地区间的极差，即最大值与最小值的绝对差额，一直在增加，由 2013 年的 9282 元提高至 2019 年的 12379 元，说明河北省各城市之间人均可支配收入还存在着较大差异。这对河北省基本公共服务的均等化发展不利，需要各地政府积极采取措施逐步缩小地区间的收入差异，为河北省公共服务均等化发展提供较好的经济基础。

表 3-6　河北省各地区城镇居民人均可支配收入

单位：元

地区	2013 年	2014 年	2015 年	2016 年	2017 年	2018 年	2019 年
石家庄市	23994	25996	28168	30459	32929	35563	38550
承德市	18896	20983	22885	24856	27042	29557	32365
张家口市	19641	21651	23841	26069	28512	31193	34062
秦皇岛市	24021	26053	28158	30348	32795	35386	38359
唐山市	26704	28891	31272	33725	36415	39365	42632
廊坊市	27090	29416	31925	34633	37474	40435	43912
保定市	19840	21751	23663	25680	27859	30283	32705
沧州市	22072	24174	26350	28605	31044	33528	36244
衡水市	17808	19614	21651	23787	26195	28736	31581
邢台市	18195	20007	21895	23913	26179	28640	31533
邯郸市	20062	22699	24630	26603	28774	31133	33904
最大值	27090	29416	31925	34633	37474	40435	43912
最小值	17808	19614	21651	23787	26179	28640	31533
极差	9282	9802	10274	10846	11295	11795	12379
极差率	1.52	1.50	1.47	1.42	1.43	1.41	1.39

数据来源：《河北统计年鉴 2020》

2.河北省农村居民人均可支配收入地区差异

根据表 3-7 中的数据可知河北省各城市 2013—2019 年农村居民人均可支配收入的变化情况。其中，河北省农村居民人均可支配收入最高的地区一直是唐山市，人均可支配收入最低的地区则一直为承德市。

与河北省各城市的城镇居民人均可支配收入相比，河北省各城市的农村居民人均可支配收入的极差率也基本维持在同一水平，并呈现出稳定的下降趋势，由 2013 年的 1.94 下降至 2019 年的 1.60；但是与地区间城镇居民人均可支配收入的极差率相比，农村居民人均可支配收入的极差率较大，这说明河北省农村地区的人均可支配收入的差异程度要大于城镇。同时，河北省各地区农村居民人均可支配收入的最大值与最小值之间的绝对差额即极差，是在不断增加的，由 2013 年的 5643 元，增长至 2019 年的 7215 元，虽然与城镇地区相比数值较小，但对于农村整体经济发展而言，这种收入差距也比较明显，应该引起政府有关部门的重视。相较于城镇而言，河北省农村居民收入水平之间的差异仅仅依靠自身力量是很难缩小的，这一问题需要通过政府有意识地进行财力转移支付政策，才能够得到改善与解决。

表 3-7　河北省各地区农村人均可支配收入

单位：元

地区	2013 年	2014 年	2015 年	2016 年	2017 年	2018 年	2019 年
石家庄市	9682	10691	11442	12345	13345	14518	15853
承德市	6031	7163	7923	8736	9682	10804	12101
张家口市	6583	7462	8341	9241	10293	11531	12973
秦皇岛市	9007	9964	10782	11621	12563	13719	15035
唐山市	11674	12867	13935	15023	16229	17656	19316
廊坊市	10985	12115	13159	14286	15487	16865	18467
保定市	8533	9573	10558	11612	12779	14108	15618
沧州市	8470	9442	10389	11340	12363	13516	14854
衡水市	7182	8104	9030	10069	11194	12493	13917
邢台市	7446	8342	9152	10006	10999	12287	13798
邯郸市	9307	10343	11247	12153	13151	14307	15695
最大值	11674	12867	13935	15023	16229	17656	19316
最小值	6031	7163	7923	8736	9682	10804	12101
极差	5643	5704	6012	6287	6547	6852	7215
极差率	1.94	1.80	1.76	1.72	1.68	1.63	1.60

数据来源：《河北统计年鉴 2020》

3.河北省城乡居民人均可支配收入比的地区差异

根据表 3-8 中数据可知，河北省各地区之间的城乡居民人均可支配收入比是不同的，城乡居民人均可支配收入比差距较大的是承德市、张家口市、秦皇岛市；城乡居民人均可支配收入比差距较小的城市是保定市和邯郸市。近几年来，河北省各城市城乡居民人均可支配收入比总体上维持在一个稳定水平，并且呈现出逐渐下降的趋势，全省平均水平由 2013 年的 2.55 万元降至 2019 年的 2.37 万元；城乡居民人均可支配收入比的极差率由 2013 年的 1.41 逐渐下降至 2019 年的 1.28，反映出河北省各地区城乡居民可支配收入水平的差异情况有逐步缩小的态势。

表 3-8　河北省各地区城乡居民可支配收入水平差异情况表

单位：万元

地区	2013 年	2014 年	2015 年	2016 年	2017 年	2018 年	2019 年
石家庄市	2.48	2.43	2.46	2.47	2.47	2.45	2.34
承德市	3.13	2.93	2.89	2.85	2.85	2.74	2.67
张家口市	2.98	2.90	2.86	2.82	2.82	2.71	2.63
秦皇岛市	2.67	2.66	2.61	2.61	2.61	2.58	2.55
唐山市	2.29	2.25	2.24	2.24	2.24	2.23	2.21
廊坊市	2.47	2.43	2.43	2.42	2.42	2.40	2.38
保定市	2.33	2.27	2.24	2.21	2.21	2.15	2.09
沧州市	2.61	2.56	2.54	2.52	2.52	2.48	2.44
衡水市	2.48	2.42	2.40	2.36	2.36	2.30	2.27
邢台市	2.44	2.40	2.40	2.39	2.39	2.33	2.29
邯郸市	2.22	2.19	2.19	2.19	2.19	2.18	2.16
全省平均	2.55	2.49	2.48	2.46	2.46	2.41	2.37
极差率	1.41	1.34	1.32	1.30	1.30	1.27	1.28

数据来源：《河北统计年鉴 2020》

通过分析可知，河北省地理位置优越，自然资源丰富，经济水平也一直处于全国中上游水平，拥有能够提供更好的基本公共服务的条件。但是通过对现有资料与数据的分析不难发现，作为直接影响基本公共服务均等化发展的河北省各地区之间的经济总量与人均 GDP 等指标还存在着较大差异，这无疑增加了河北省实现基本公共服务均等化的难度，需要政府采取一些有效措施，例如进行财政倾向性的转移等方法才能得到有效解决。

此外，由上述分析可知，河北省各城市的城镇和农村居民的人均可支配收入水平呈现出逐年增长的趋势，这为发展公共服务提供了一定的客观条件。但是河北省各城市的城乡居民之间、省内 11 个城市之间的居民收入差异还很大，并呈现出不断扩大的态势，这为河北省基本公共服务均等化发展带来了不小的障碍。居民可支配收入水平的差异直接导致居民消费的水平和层次，这些差异将进一步影响居民对基本公共服务的需求。

总之，河北省各城市之间以及各城市的城乡之间存在着经济上的不均衡发展现象，这对于河北省基本公共服务均等化发展不利，需要政府采取一定的措施进行改善。通过以上数据分析，能够为我们进一步分析河北省基本公共服务均等化的地区差异提供一定的理论基础和数据支撑，以便更好地促进河北省基本公共服务均等化的发展与进步，为后续解决基本服务均等化问题提供一种经济角度的思维。

第四章　河北省基本公共文化服务均等化现状

公共文化（或公共文化服务）是政府公共服务的重要内容，是指以政府部门为主的公共部门提供的以保障公民基本文化生活权利为目的，向公民提供公共文化产品与服务，包括公共文化服务设施、资源以及涉及人才、资金、技术和政策保障机制等方面内容。公共文化服务是实现好、维护好、发展好人民群众基本文化权益的主要途径。随着我国民生建设的不断推进，公共文化服务作为公共服务的重要组成部分，因其对建设社会主义先进文化的重要作用得到了政府的广泛重视。提升公共文化服务的质量和水平，是推动社会主义文化大发展大繁荣的必然要求。

第一节　我国基本公共文化服务的发展历程

公共文化服务体系的概念是在2005年10月党的十六届五中全会通过的《中共中央关于制定国民经济和社会发展第十一个五年规划的建议》中正式提出的。会议指出，要“加大政府对文化事业的投入，逐步形成覆盖全社会的比较完备的公共文化服务体系”。但是事实上，文化作为人的精神基本需要，我国政府一直以来对此都十分重视，并开展了大量工作，因此有必要从新中国成立以来我国公益性文化事业的建设和发展中去探寻公共文化服务的成长历程。本章分五个阶段研究 1949 年新中国成立以来我国的公益性文化事业和公共文化服务的发展脉络：第一阶段，从新中国成立到 1978 年改革开放以前，是社会主义革命和建设时期。新中国的成立开启了我国文化建设的新航程，公共文化事业得到快速发展，形成了与计划经济体制相适应的文化体制，这一阶段也是公共文化服务的萌芽期。第二阶段，从 1978 年改革开放后到 2005 年党的十六届五中全会。在这一时期，我国由计划经济向社会主义市场经济转型，公共文化服务在全国城乡普遍开展，这一阶段是公共文化服务建设的初始期。第三阶段，从 2005 年党的十六届五中全会以后到 2011 年党的十八大以前，公共文化服务体系的概念被提出，到 2011 年基本实现公共文化服务体系全覆盖，这一阶段是公共文化服务体系的形成期。第四阶段，党的十八大以后到 2021 年前，公共文化服务被提到了更高的地位，公共文化服务建设空前繁荣，是公共文化服务体系的成熟期。第五阶段是 2021 年以后，党中央、国务院将文化建设作为“五位一体”总体布局和“四个全面”战略布局的重要内容，提出了建设高质量公共文化服务，在新的历史起点上，推动公共文化服务体系向更广空间和更深层次发展。

一、我国公共文化服务的萌芽期（1949—1978 年）

新中国的成立和社会主义制度的确立，实现了中国社会历史上最广泛最深刻的社会变革，为当代中国的一切发展奠定了根本的政治前提和制度基础，同时也为文化建设与发展奠定了政治前提和制度基础。

毛泽东同志在 1949 年中国人民政治协商会议第一届全体会议上庄严地指出：“随着经济建设的高潮的到来，不可避免地将要出现一个文化建设的高潮。中国人被人认为不文明的时代已经过去了，我们将以一个具有高度文化的民族出现于世界。”1949 年 7 月，我国召开了第一次文代会，标志着中国当代文学的伟大开端，同时成立了中华全国文学艺术界联合会以及各艺术领域协会。为了促进文化艺术事业的发展，1956 年，毛泽东同志提出艺术问题上的“百花齐放”、学术问题上的“百家争鸣”，应该成为我国发展科学和繁荣文学艺术的方针。在党和政府的坚强领导下，我国文化建设取得了巨大成绩，逐步建立了与计划体制相适应的文化管理体制。

这一时期，公共文化事业得到快速发展，群众文化生活进一步丰富。1953年，文化部发布了《关于整顿和加强文化馆、站工作的指示》，明确了文化馆（站）为群众服务。1956年，文化部颁发《关于群众艺术馆的任务和工作的通知》，对群众艺术馆的性质、任务、编制、经费等作出了明确规定，并正式成立了中央群众艺术馆。随着大规模经济建设的开展，一大批文化设施在各地纷纷建立。到1965年，全国已有县级文化馆2598个、城乡影剧院2943个、县级以上图书馆562个、群众艺术馆62个、乡镇文化站2125个，为人民群众参与文化活动提供了保障。为了维护公民的阅读权益，提高全民族的科学文化素质，国家实施了一系列具有重大文化积累价值的基础性图书出版工程。在“文革”前的17年间，我国出版了大量的经典著作和有重要影响的优秀图书，出版物品种、数量得到快速增长。1965年，全国出版图书20143种，总印数21.71亿册，全国年人均图书3册，比1950年的图书品种数增加了约1倍，图书供给量增加了7.8倍。一些相当有影响、意义重大的辞书工具书，如《新华字典》《现代汉语词典》等陆续出版。

二、我国公共文化服务建设的初始期（1978—2005 年）

以党的十一届三中全会为标志，我国进入了社会主义事业发展新的历史时期，恢复和重建“文革”时期破坏的文化体制，公共文化事业及其管理方面也开始逐步探索“以文补文”“多业助文”等模式，出现了公共性的文化服务与多种所有制并存的“双轨制”运营格局。1983年，国务院《政府工作报告》提出“文艺体制需要有领导有步骤地进行改革”，以推动社会主义文化的繁荣。国家“八五”规划中，提出“要继续积极稳妥地进行各类文化管理体制的改革，认真研究制定促进文化事业发展的经济政策”。特别是1992年邓小平同志南方谈话的发表和党的十四大的胜利召开，社会主义市场经济体制作为我国基本经济制度得以确立，促进了经营性文化活动的蓬勃兴起和文化消费需求的迅速增长，推动了文化市场的培育和发展。党的十五大报告又明确指出：“有中国特色社会主义的文化，是凝聚和激励全国各族人民的重要力量，是综合国力的重要标志。”全面提升了文化建设在现代化建设中的重要地位和作用。2000年，党的十五届五中全会第一次提出了文化产业的概念，打破传统计划经济体制下的国家统包统管文化事业的模式，发挥市场在合理配置文化资源中的基础性作用和发展文化事业中的积极作用在全社会逐步形成共识。在实践中，公益性文化事业与经营性文化产业的区分日渐清晰，在观念上，“两手抓，两加强”的文化改革与发展的基本思路逐渐形成。

这一时期，我国文化事业取得长足的进步，以基本阵地、基本队伍、基本内容、基本活动方式为重点，以重点文化工程为抓手的公共文化服务体系建设取得了显著成就。1978 年，全国共有博物馆 349 个、群众艺术馆 92 家、文化站 172 个，经历改革开放 40 余年的不懈努力，全国有公共图书馆 2799 个、文化馆和群众艺术馆 3217 个、博物馆 1722 个、文化站 37384 个、社区和村文化室 137665 个，初步形成了以大型公共文化设施为骨干、以社区和乡镇基层文化设施为基础、覆盖全国城乡的公共文化服务体系。从发展群众文化事业到构建公共文化服务体系，从计划性的文化产品供应到尊重人民群众文化消费的自主性和选择权，在党和政府的重视关心和社会各界的共同努力下，我国公共文化服务体系已初步建成。

三、我国公共文化服务体系的形成期（2005—2011 年）

公共文化服务是政府公共服务的重要内容，是在政府加强公共服务职能的背景下提出的。2005年，中共中央、国务院出台的《关于深化文化体制改革的若干意见》提出，发展公益性文化事业要以政府为主导，增加投入、转换机制、增强活力、改善服务，实现和保障广大人民群众的基本文化权益。

2005 年 10 月，党的十六届五中全会第一次正式提出，“加大政府对文化事业的投入，逐步形成覆盖全社会的比较完备的公共文化服务体系”，这是“公共文化服务体系”的概念首次见诸中央文件。“公共文化服务体系”这一概念的提出是社会主义市场经济条件下政府职能转变的结果，体现了一个现代政府对自身职能的清晰定位、对公民文化权利的尊重和对文化民生的主动担当。

2007年，中办、国办印发《关于加强公共文化服务体系建设的若干意见》。党的十七大把建设“覆盖全社会的公共文化服务体系”作为实现全面建设小康社会的重要目标之一，标志着公共文化服务体系建设已经成为国家文化发展的重要战略。2011年，党的十七届六中全会明确提出，“加强公共文化服务是实现人民基本文化权益的主要途径”，并把“覆盖全社会的公共文化服务体系基本建立，努力实现基本公共文化服务均等化”作为2020年文化改革发展的重要目标之一。

2011 年 10 月 18 日，党的十七届六中全会审议通过了《中共中央关于深化文化体制改革推动社会主义文化大发展大繁荣若干重大问题的决定》（以下简称《决定》)。《决定》提出，要完善覆盖城乡、结构合理、功能健全、实用高效的公共文化服务体系。《决定》指出，加强公共文化服务是实现人民基本文化权益的主要途径。要以公共财政为支撑，以公益性文化单位为骨干，以全体人民为服务对象，以保障人民群众看电视、听广播、读书看报、进行公共文化鉴赏、参与公共文化活动等基本文化权益为主要内容，完善覆盖城乡、结构合理、功能健全、实用高效的公共文化服务体系。

截至 2010 年年底，全国共有公共图书馆 2884 个、文化馆（含群众艺术馆）3264 个、乡镇（街道）文化站 40118 个、村文化室 20 余万个，基层群众看书难、看戏难、看电影难、收听收看广播电视难的问题已基本得到解决，基本实现了公共文化服务体系的全覆盖。

四、我国公共文化服务体系的成熟期（2012—2020 年）

党的十八大以来，以习近平同志为核心的党中央将加快构建现代公共文化服务体系纳入全面深化改革的全局。党的十八大报告指出，文化是民族的血脉，是人民的精神家园。党的十八大报告要求“扎实推进社会主义文化强国建设”，并要求“完善公共文化服务体系，提高服务效能”。党的十八届三中全会结合新的形势和时代特征，提出了构建“现代公共文化服务体系”的要求。党的十八届四中全会明确提出“制定公共文化服务保障法，促进基本公共文化服务标准化、均等化”。党的十八届五中全会则站在“四个全面”战略布局和“五位一体”总体布局的高度，按照“创新、协调、绿色、开放、共享”的发展理念，将“2020 年公共文化服务体系基本建成”的目标纳入“十三五”规划。党的十八大以来，在党中央、国务院的高度重视下，我国公共文化服务体系建设呈现出整体推进、重点突破、全面提升的良好发展态势，积累了许多满足人民群众基本文化需求的特色经验，取得了显著成就。

此外，国家积极推动公共文化服务示范区创建。自 2011 年 4 月 23 日文化部、财政部公示第一批创建国家公共文化服务体系示范区名单到 2020 年，全国已陆续推进四批次，共创建 117 个国家级公共文化服务示范区。全国公共文化服务体系以建设“覆盖城乡、便捷高效”为目标，加强基础设施投入，经过四批次全国公共文化服务示范区推进建设，打造覆盖全国范围的公共文化服务网络。

2015 年 1 月 14 日，中共中央办公厅、国务院办公厅印发《关于加快构建现代公共文化服务体系的意见》，对加快构建现代公共文化服务体系、推进基本公共文化服务标准化均等化、保障人民群众基本文化权益作了全面部署。《关于加快构建现代公共文化服务体系的意见》提出，到 2020 年，基本建成覆盖城乡、便捷高效、保基本、促公平的现代公共文化服务体系。公共文化设施网络全面覆盖、互联互通，公共文化服务的内容和手段更加丰富，服务质量显著提升，公共文化管理、运行和保障机制进一步完善，政府、市场、社会共同参与公共文化服务体系建设的格局逐步形成，人民群众基本文化权益得到更好保障，基本公共文化服务均等化水平稳步提高。

《国家基本公共文化服务指导标准（2015—2020 年）》对各级政府应向人民群众提供的基本公共文化服务项目和硬件设施条件、人员配备等作出了明确规定，内容涉及读书看报、收听广播、观看电视、观赏电影、送地方戏、设施开放、文体活动七大项基本服务项目和文化设施、广电设施、体育设施、流动设施、辅助设施五大类设施。在标准的基础上，要求各地从实际出发，制定适合本地区的实施标准，并落实保障资金。有关部门将加大监督检查力度，对意见和标准的落实情况进行督查。《中华人民共和国公共文化服务保障法》于 2017 年 3 月 1 日起施行，这是我国文化领域第一部具有“四梁八柱”性质的重要法律，是文化立法的一个重大突破。随着该法律的落地实施，相关部门出台了一系列重要政策文件，初步形成了构建现代公共文化服务体系的制度框架。

据统计，“十三五”期间共有31个省（区、市）制定了具体实施标准。333个地市、2846个县出台了基本公共文化服务目录。这些标准和目录的发布实施，标志着我国基本公共文化服务标准体系正在逐步形成。2015年，中央财政整合设立中央支持地方公共文化服务体系建设补助资金，统筹支持地方落实国家标准。2015—2020年，中央财政累计安排该项补助资金820.49亿元，其中2020年152.9亿元，支持实施公共数字文化建设、文化志愿服务等项目，为2.3万个村文化活动室配置基本文化服务设备，为1.2万个乡镇配送以戏曲为主的演出约7.8万场，为200个基层国有院团更新流动舞台车，开展了广场舞展演等群众文化活动和“村晚”等民俗节庆活动，切实保障人民群众的文化权益。同时，中央财政安排相关资金470.56亿元，其中2020年79.24亿元，支持全国5万余个公共图书馆、美术馆、文化馆（站）、博物馆、纪念馆免费开放和提供公益性讲座、展览等基本公共文化服务，为边远贫困地区、边疆民族地区和革命老区每年培养、选派约1.9万名文化工作者，为公共文化服务体系建设提供了有力支撑。

五、公共文化服务高质量发展期（2021 年—　）

新中国成立 70 多年以来，我国经济社会各方面都发生了翻天覆地的变化。党的十九大报告指出，新时代人民群众的需要已经从“物质文化需要”发展到“美好生活需要”，这就需要推动公共文化服务高质量发展，为人民群众提供更高质量、更有效率、更加公平、更可持续的公共文化服务，使城乡居民更好地参与文化活动，培育文艺技能，享受文化生活，激发文化热情，增强精神力量，提高社会文明程度，为建设社会主义文化强国奠定基础。

为在新的形势下更好地推动公共文化服务、实现高质量发展，2021年3月8日，文化和旅游部、国家发展改革委、财政部三部委联合印发《关于推动公共文化服务高质量发展的意见》（以下简称《意见》)。《意见》紧紧围绕公共文化服务发展中的重点领域和关键环节，明确了新发展阶段公共文化服务高质量发展的目标和主要任务，提出要深入推进公共文化服务标准化建设、完善基层公共文化服务网络、创新拓展城乡公共文化空间、促进公共文化服务提质增效、做大做强全民艺术普及品牌、加快推进公共文化服务数字化、进一步强化社会参与、促进文化志愿服务特色化发展、加强乡村文化治理等9项具体工作。

2021年3月30日，经国务院批复同意，国家发展改革委联合20个部门印发了《国家基本公共服务标准（2021年版）》（以下简称《标准》)，明确了现阶段国家提供基本公共服务项目的基础标准。《标准》涵盖了幼有所育、学有所教、劳有所得、病有所医、老有所养、住有所居、弱有所扶“七有”，以及优军服务保障、文体服务保障“两个保障”，共9个方面、22个大类、80个服务项目。每个项目均明确了服务对象、服务内容、服务标准、支出责任和牵头负责单位。制定出台国家基本公共服务标准是我国保障和改善民生的一次重大制度创新，有利于保障和改善基本民生，有利于推动发展成果全民共享，有利于推进国家治理体系和治理能力现代化。

2021 年 6 月，文旅部发布了《“十四五”公共文化服务体系建设规划》。该规划明确了“推进城乡公共文化服务体系一体建设”“建设以人为中心的图书馆”“繁荣群众文艺”“增强公共文化服务实效性”“推动公共文化服务社会化发展”“推动公共文化服务数字化、网络化、智能化建设”“推进公共文化服务区域均衡发展”7 个方面“十四五”时期公共文化服务体系建设的主要任务，并通过 8 个专栏列出发展指标和 22 个重点举措、建设项目，着力增强该规划的可操作性。从加强组织领导、完善经费保障、加强队伍建设、健全监督管理 4 个方面，加强该规划实施的组织、协调和督导，推动规划落到实处。

在新的历史起点上，公共文化服务面临着新的发展形势。党中央、国务院将文化建设作为“五位一体”总体布局和“四个全面”战略布局的重要内容，推动公共文化服务体系向更广空间和更深层次发展。

第二节　河北省基本公共文化服务的发展现状

河北省，简称冀，省会石家庄市。河北省在战国时期大部分属于赵国和燕国，所以又被称为燕赵之地。河北省地处华北平原，东临渤海、内环京津，面积为 18.88 万平方千米，辖石家庄市、唐山市、秦皇岛市、邯郸市、邢台市、保定市、张家口市、承德市、沧州市、廊坊市、衡水市 11 个地级市，167 个县（市、区）。

河北省作为华夏文明的重要发祥地，经过数千年的积淀，形成了丰富、独特的文化，成为名副其实的文化资源大省。河北省拥有的省级以上文物保护单位达 930 处，居全国第一位。拥有长城、承德避暑山庄、清东陵和清西陵三项世界文化遗产，邯郸市、保定市、承德市、正定县、山海关区、蔚县 6 个国家级历史文化名城。

一、改革开放至“十一五”时期河北省公共文化服务建设成就显著

河北省自改革开放以来，以改善人民群众物质文化生活为目标，不断加强公共文化建设，加大基层文化事业投入，初步形成了以市、县（区）、乡（街道）的公共文化设施为主体，覆盖全省的公共文化服务网络的雏形。2005 年 6 月《河北建设文化大省规划纲要》出台，提出了建设文化大省的奋斗目标。

至2008年，河北省共建有各级公共图书馆159个，总藏书量1351万册，群艺馆、文化馆174个，乡镇（街道）文化站1974个。河北省迁安市人民广场、石家庄市文化广场、承德市文体中心广场被评为“全国特色文化广场”。各类型博物馆50个，档案馆205个，各类艺术表演场所93个。河北省拥有38个爱国主义教育基地、纪念馆和陈列馆。其中，乐亭李大钊纪念馆、清苑冉庄地道战遗址、平山西柏坡中共中央旧址等7个单位被列入全国“百个爱国主义教育基地”。全省11个设区市都建有博物馆、图书馆、群艺馆，每个县（市、区）都拥有文化馆、图书馆，有条件的市县还建设了美术馆、纪念馆，大部分乡镇和社区建成了文化站、文化活动室，基本实现了省、市、县、乡（镇）公共文化设施全覆盖。“十一五”期间，广播电视村村通、全国文化信息资源共享工程、乡镇综合文化站建设工程、农村电影放映、农家书屋工程等重点文化惠民工程，成为公共文化服务体系建设的推进器和重要抓手，有力地提升了基层公共文化基础设施水平，提高了基层文化单位的服务能力，增强了基层文化工作的活力。

二、“十二五” 时期河北省从文化资源大省向文化强省跨越

从文化资源大省向文化强省跨越，是“十二五”时期河北省要实现的“两大跨越”之一。省委七届六次全会提出，“十二五”期间，要以促进文化大发展大繁荣为契机，切实做到“三个加快”，即加快文化体制改革创新步伐，加快发展文化产业，加快发展公共文化事业。

2013年12月24日，河北省人民政府第十五次常务会议讨论通过《河北省基本公共服务行动计划（2013—2015年）》，以促进社会公平正义、增进人民福祉为出发点，按照“学有所教、劳有所得、病有所医、老有所养、住有所居”的要求，结合河北省实际，将计划的范围确定为公共教育、劳动就业服务、社会保险、社会服务、医疗卫生、计划生育、住房保障、公共文化体育、残疾人服务等领域的基本公共服务，计划期为2013—2015年。并提出到2015年，公共服务的发展趋向均衡，农村与城市、发达与欠发达地区享受基本公共服务的差距

大大缩小，公共服务资源配置更趋均衡，共享机制初步形成，基本实现县（市、区）域内基本公共服务均衡发展，农村基本公共服务水平明显提高。

该计划在公共文化体育服务方面提出，将继续向全民免费开放基层公共文化体育设施，并逐步扩大公共图书馆、文化站、博物馆、美术馆、纪念馆、科技馆、工人文化宫、青少年宫等免费开放范围，减免参观文物建筑及遗址类博物馆的门票。为农村居民免费提供电影放映、送书送报送戏等公益性文化服务。到 2015 年，基本实现行政村村村都有农家书屋，新增城乡公共阅报栏 2350 个，国民综合阅读率达到 80%，具体公共文化体育服务基本标准如表 4-1 所示。

表 4-1　2013—2015 年河北省公共文化体育服务基本标准

服务项目	服务对象	保障标准	支出责任	覆盖水平
公益性文化服务				
公共文化场馆开放	城乡居民	公共空间设施和基本服务项目免费，全年开放时间不少于10个月	中央和省、市、县财政按比例共同负担	除文物建筑及遗址类博物馆外，各级文化文物部门归口管理的文化场馆全面向社会开放
公益性流动文化服务	城乡居民	免费享有以影视放映、文艺演出、图片展览、图书销售和借阅、科技宣传为一体的流动文化服务，每个乡（镇）每年演出 4 场地方戏曲，每学期中小学生观看 2 部爱国主义教育影片	省、市、县政府按比例共同负担，中央财政适当补助	基本建立灵活机动、方便群众的公益性流动文化服务网络，保障公益性演出场次
广播影视				
农村广播电视	农村居民为主	无偿提供中央第一套广播节目、中央第一套和第七套电视节目及河北省第一套广播电视节目等 4 套以上广播和电视节目服务，逐步增加节目套数和提高播放质量	中央和省、市、县政府共同负责	基本实现村村通广播电视，逐步实现户户通
农村电影放映	农村居民	行政村挨村放映电影，每场财政补贴 200 元	中央和省、市、县财政按比例共同负担	实现行政村覆盖率 100%

（续表）

服务项目	服务对象	保障标准	支出责任	覆盖水平
应急广播	城乡居民	在突发公共事件发生前后及时获得政令、信息等服务	中央和省、市、县政府共同负责	在全省范围内基本实现分层次、分类型、全方位立体覆盖
新闻出版				
公共阅读服务	城乡居民	农村行政村建立农家书屋，图书不少于 1500 册，每年对每个书屋更新补充 150～200 册图书；报刊 20～30 种；电子音像制品不少于 100 种(张)，并及时更新。城市和乡(镇)主要街道、大专院校、居民小区等人流密集地点设公共阅报栏(屏)，及时提供各类新闻和服务信息	中央和省、市、县财政按比例共同负担	基本实现行政村村村有农家书屋，新增城乡公共阅报栏(屏)2350 个，国民综合阅读率达到 80%
文化遗产展示				
文化遗产展示门票减免	未成年人、老年人、现役军人、残疾人和低收入人群	减免参观文物建筑及遗址类博物馆的门票	中央和地方财政分别负担	目标人群覆盖率 100%

该计划依据国家文化体育相关法律法规和“十二五”时期公共文化体育服务国家基本标准，明确保障服务的供给规模和质量、工作任务的事权与支出责任，促进城乡均衡发展。各类公共文化体育设施布局、场馆建设、设备配置、人员配备、服务规范等具体标准，由省文化厅、省新闻出版广电局和省体育局依法会同有关部门制定实施。并要求各地在遵循实施省基本标准的基础上，可结合本地实际情况适当提高标准。

三、“十三五”期间河北省公共文化服务体系初步形成

1.河北省公共文化服务体系建设内容

内容主要包括先进文化理论研究服务体系、文艺精品创作服务体系、文化知识传授服务体系、文化传播服务体系、文化娱乐服务体系、文化传承服

务体系、农村文化服务体系等七个体系。主要涉及两个方面：一是建设公共服务网络，以确保公共文化服务能力的提高；二是建设公共文化服务各项工程（如广播电视村村通工程、全国文化信息资源共享工程、社区和乡镇综合文化站工程），以确保效益的发挥。

2.河北省公共文化服务相关政策相继出台

自《河北省基本公共服务行动计划（2013—2015 年）》实施以来，河北省政府办公厅又接连出台了《关于推进基层综合性文化服务中心建设的实施意见》《河北省"十三五"时期贫困地区公共文化服务体系建设实施意见》以及《关于加快构建现代公共文化服务体系的实施意见》等政策文件，以此为基础初步形成了公共文化服务政策体系。同时，河北省将公共文化服务体系建设列入县城建设考核指标体系，权重占 5%，从而调动了基层公共文化建设的积极性和主动性。

3.公共文化设施建设

公共文化设施建设是构建现代公共文化服务体系的基础和重要抓手，需要城乡共同推动、均衡发展。河北省以文化惠民为出发点，加大投入和督导协调力度，"十三五"期间，一批覆盖城乡的公共文化基础设施先后建成。河北大剧院、省群艺馆新馆等省级重点工程陆续启动，承德体育中心、张北县文化馆等一批市县级文化体育设施相继建成。2016 年，投入资金 1.2 亿元在 45 个国家级贫困县的 450 个村建成村综合文化服务中心。河北省在丰宁、围场、青龙三个民族自治县启动综合文化服务中心覆盖工程，目前第一批 500 个村已开始实施。全省共建有 173 个公共图书馆、180 个文化馆、2255 个乡镇（街道）综合文化站和 50428 个村（社区）综合性文化服务中心；所有市和县（市、区）政府均制定了公共文化服务实施标准或服务目录；123 个县（市、区）成立了公共文化服务体系建设领导小组；159 个县级公共图书馆、156 个县级文化馆开展了总分馆制建设，28 个市级公共文化机构实行了法人治理结构改革，基本形成了政府主导、全社会参与推动公共文化服务体系建设的良好氛围，全省基本建成完善的全省公共文化服务设施网络。

2015—2019 年五年来，河北省各类主要文化机构总体上呈不断增长的趋势（见表 4-2）。其中，艺术表演团体在 2018 年发生锐减后，2019 年又开始大幅提升，艺术表演场馆在 2017 年和 2018 年也出现了减少，反映在 2017—2018 年两年间，河北省艺术行业发生了较大调整，而后又继续呈现上升趋势。

表 4-2　2015—2019 年河北省主要文化机构情况

单位：个

文化机构	2015 年	2016 年	2017 年	2018 年	2019 年
公共图书馆	172	172	173	173	173
文化馆（站）	2402	2416	2431	2433	2435
博物馆	107	111	122	134	136
艺术表演团体	596	712	735	450	749
艺术表演场馆	108	112	96	81	112

资料来源：《河北统计年鉴 2020》

4.文化惠民体系

与此同时，覆盖城乡的文化惠民体系也初步形成。全省公共图书馆、文化馆、综合文化站全部实现免费开放，流动图书车、流动文化车等文化惠民工程不断推进，基层群众文化获得感极大增强。在公共图书馆运行机制探索方面，河北省积极探索市县两级图书馆总分馆制试点工作，并下发了《关于开展市域公共图书馆总分馆制试点工作的通知》。其中，唐山市丰南区图书馆作为文化部全国首批 10 家决策型法人治理结构试点单位，建立起以公益目标为导向、内部激励机制完善、外部监管制度健全的现代化管理体制，已顺利通过国家验收。

5.公共文化服务体系示范区建设

为加快推进全省公共文化服务体系整体建设水平，推动文化和旅游公共服务领域重点改革任务落地落实，省文化和旅游厅借鉴推广秦皇岛市、廊坊市、沧州市等市创建国家公共文化服务体系示范区的成功经验，推动清河县、丰南区、涉县等 10 个县（市、区）创建首批河北省公共文化服务体系示范区，取得明显成效。

6.各文化发展主要指标基本呈良好发展态势

从河北省各类主要文化发展指标变化上看（见表 4-3），2015—2019 年 5 年来总体上呈不断增长的趋势。其中值得注意的是，人均购书费这个指标增长幅度很小，2015 年为 0.55 元，2019 年为 0.56 元，而且 5 年的变化趋势起伏不定，应该引起有关部门的重视；政府应加大图书购置力度，通过各种渠道宣传并组织开展丰富多彩的读书活动，吸引公众多读书。此外，艺术表演团体因 2018 年有较大幅度的减少导致当年的团体演出收入出现锐减，应该挖掘原因，避免在以后出现类似的情况。

表 4-3　2015—2019 年河北省各文化发展主要指标

指标	2015 年	2016 年	2017 年	2018 年	2019 年
文化事业费（亿元）	18.53	18.49	25.19	27.04	29.80
人均文化事业费（元）	24.96	24.76	33.50	35.78	39.25
每万人拥有公共图书馆面积（平方米）	59.15	63.17	65.53	71.52	75.04
人均拥有公共图书馆藏书（册）	0.30	0.31	0.34	0.36	0.40
人均购书费（元）	0.55	0.49	0.68	0.63	0.56
每万人拥有群众文化设施面积（平方来）	163.68	167.39	166.52	174.56	178.10
人均群众文化业务活动专项经费（元）	1.64	1.76	1.83	1.97	1.78
艺术表演团体国内演出观众人次（万人次）	4559	5419	5501	3316	6854
艺术表演团体演出收入（万元）	34455	35498	39100	29086	37118
博物馆参观总人次（万人次）	2646	2724	2991	3289	3407

资料来源：《河北统计年鉴 2020》

四、河北省公共文化服务高质量发展展望

近年来，河北省紧紧抓住完善政策、健全网络、提高效能等关键环节，大力推进全省公共文化服务体系建设。目前，初步形成功能完备、覆盖城乡的文化设施体系，文化惠民体系也日渐完善。在此基础上，河北省着力推动公共文化服务向更丰富、更快捷、更人性化迈进，极大地满足了群众的文化需求。

为推动全省公共文化服务高质量发展，由河北省文化和旅游厅共同编制《河北省公共文化服务体系建设“十四五”规划》，于 2021 年 8 月 26 日公布实施。该规划旨在进一步推进公共文化服务体系建设，进一步完善制度建设，提升治理能力，激发创新活力，努力提供更高质量、更有效率、更加公平、更可持续的公共文化服务，切实保障人民群众的基本文化权益，提升文

化获得感、幸福感，为建设社会主义文化强国奠定基础。

“十四五”末，公共文化服务体系将力争达到以下目标：第一，公共文化服务布局更加均衡。城乡公共文化服务体系一体建设取得重大突破，城乡协同发展机制逐步健全，城乡公共文化服务差距进一步缩小。公共文化服务在保障人民基本文化权益、促进城乡经济社会发展中的重要作用更加凸显。第二，公共文化服务水平显著提高。城乡公共文化服务供给能力进一步增强，基本公共文化服务水平与经济社会发展水平同步提升，公共文化服务质量明显改善，公共文化服务知晓度、参与度、满意度不断提高。第三，公共文化服务供给方式更加多元。政府主导、社会力量广泛参与的公共文化服务供给机制更加成熟，来自基层群众的文化创造更加活跃，政府、市场、社会共同参与公共文化服务体系建设的格局更加健全。第四，公共文化数字化、网络化、智能化发展取得新突破。公共数字文化资源更加丰富，国家公共文化云等平台互联互通体系更加完善，智慧图书馆体系建设取得明显进展，公共文化数字服务更加便捷，应用场景更加丰富（见表 4-4）。

为深入贯彻实施《中华人民共和国公共文化服务保障法》，加快城乡公共文化服务体系一体建设，推动河北省公共文化服务达标提质增效，实现全省公共文化服务高质量发展，河北省人民政府办公厅结合实际，于 2021年12月31日提出《关于推动公共文化服务高质量发展的实施意见》。

表 4-4　河北省公共文化服务领域主要发展指标

序号	发展指标	2019 年	2025 年	属性
1	全国公共图书馆年流通人次（万人次）	90135	100000～110000	预期性
2	全国公共图书馆为读者举办各类活动次数（万次）	19.57	25～35	预期性
3	全国群众文化机构组织文化活动次数（万次）	245.11	275～300	预期性
4	全国群众文化机构年服务人次（万人次）	78715.66	88500～100000	预期性
5	每万人群众业余文化团队数量（个）	3.16	3.3～3.7	预期性

注：1.公共图书馆为读者举办各类活动次数为组织各类讲座、举办展览和举办培训班次数之和。

2.群众文化机构组织的各项文化活动包括展览、文艺活动、公益性讲座、训练班等。

3.群众文化机构年服务人次为全国参与群众文化机构服务提供的展览、文艺活动、公益性讲座、训练班等活动的总人次。

第三节　基本公共文化服务均等化测量指标体系的构建

对公共文化服务水平进行有效测度的关键就是要选择科学合理的指标体系。本书结合公共文化服务的自身特点，在借鉴西奥多 •H.波伊斯特的“投入-过程-产出-效果”模型的基础上，将影响公共文化服务水平的因素归结为投入、服务保障、活动产出和公众参与四个方面。公共文化服务的实质是一种投入-产出过程，通过投入资源，获得产品及服务的产出来满足公众的需求。将公共文化服务投入和产出结合进行分析，对于研究其影响因素、改进绩效水平均具有极其重要的意义。本书对“投入-过程-产出-效果”模型中的过程维度和效果维度作了一些调整和替换，主要是由于过程和效果更多地取决于身心感受，属于定性范畴，数据来源不好获得，研究也不方便推广，采用服务保障和公众参与两个维度进行替换，主要有以下考虑：一是良好的服务保障能够使公众在使用公共文化服务过程中得到更好的享受，比如较高的专业人员可以有效应对公众在接受服务的过程中遇到和提出的各种专业问题并进行解答，数量足够丰富的书籍和藏品等文化设施能够最大限度地保障公众的诉求得到满足；二是公共文化服务的效果归根到底还是有多少公众参与并享用了提供的产品及服务，因此公众参与是公共文化服务的最终落脚点和根本目的，用公众参与替换效果具有一定的合理性。通过维度的划分可将复杂的公共文化服务水平评估工作变得更加具体并方便操作。

本书结合以往学者的研究，并根据数据的可获得性和代表性等因素，制定如下的基本公共文化服务均等化水平的指标体系，如表 4-5 所示。

表 4-5　基本公共文化服务均等化水平评价指标体系

总目标	一级指标	二级指标
公共文化服务均等化水平评价	投入	人均文化旅游体育与传媒预算支出（元）
		每万人拥有公共图书馆数量（个）
		每万人拥有博物馆数量（个）
		每万人拥有艺术表演场馆和团体数量（个）
	保障	每万人中博物馆从业人员数（人）
		每万人拥有公共图书馆阅览室座席数（个）

（续表）

总目标	一级指标	二级指标
公共文化服务均等化水平评价	保障	每万人拥有博物馆藏品数（件/套）
		每万人拥有公共图书馆藏书量（本）
	产出	每万人公共图书馆组织各类讲座次数（次）
		每万人博物馆举办展览数量（个）
		每万人艺术表演场馆及团体演出场次（场）
	效果	公共图书馆人均流通次数（次）
		公共图书馆人均参加讲座次数（次）
		博物馆人均参加展览次数（次）
		艺术表演场馆及团体人均观看次数（次）

资料来源：根据笔者调查研究整理

第一，投入指标。基本公共文化服务均等化投入指标由“人均文化旅游体育与传媒预算支出”“每万人拥有公共图书馆数量”“每万人拥有博物馆数量”“每万人拥有艺术表演场馆和团体数量”构成。因河北省在统计文化事业费支出时将文化旅游体育与传媒放到一起考量，并没有将文化事业费支出单独列出，因此本书采用人均文化旅游体育与传媒预算支出反映河北省各城市对公共文化建设的重视程度，反映每个公民从事文化活动所享有的经费保障力度。该数值越大，说明对公共文化发展越重视。每万人拥有公共图书馆、博物馆以及艺术表演场馆和团体数量三个指标属于公共文化设施资源投入，反映公共文化服务机构的供给水平，是开展各种公益文化活动的重要载体和基础条件，我们用每万人拥有的设施数量来消除不同城市之间的人口差异对于数据真实性的反映。

第二，保障指标。基本公共文化服务均等化保障指标由“每万人中博物馆从业人员数（人）”“每万人拥有公共图书馆阅览室座席数（个）”“每万人拥有公共图书馆藏书量（本）”以及“每万人拥有博物馆藏品数（件/套）”构成。每万人中博物馆从业人员数（人）反映各城市对公共文化服务发展所提供的人力资源保障力度。每万人拥有公共图书馆阅览室座席数（个）、每万人拥有公共图书馆藏书量（本）以及每万人拥有博物馆藏品数（件/套）三个指标反映了公共文化服务机构所能提供文化服务的物质保障水平，这是公共文化服务得以发展和传承的重要载体。

第三，产出指标。基本公共文化服务均等化产出指标由“每万人公共图书馆组织各类讲座次数（次）”“每万人博物馆举办展览数量（个）”“每万人艺术表演场馆及团体演出场次（场）”构成。基本公共文化服务的产出指标具体来说是文化机构以一定规模的投入为基础，通过设施的兴建和服务保障后能够提供给公众的基本公共文化产品和服务，用以丰富公众的精神文化生活，满足公众的文化需求。我国的公共文化活动内容丰富、形式多彩，主要包括形式多样的群众文化活动以及博物馆、图书馆开展的各种展览、讲座以及培训等，我们根据指标的代表性以及数据的可获得性等因素选择了以上三个产出指标。

第四，效果指标。基本公共文化服务均等化效果指标由“公共图书馆人均流通次数（次）”“公共图书馆人均参加讲座次数（次）”“博物馆人均参加展览次数（次）”“艺术表演场馆及团体人均观看次数（次）”构成。衡量基本公共文化服务水平的高低，不仅要看博物馆、图书馆等文化机构建设得好不好、多不多，公共文化服务活动开展得怎么样，更重要的是要看建好的基本公共文化服务设施群众用不用，开展的各种文化活动公众是否积极参与。公共文化服务活动的最终目的是提高公众参与文化设施及文化活动的程度，最大限度地保障公众基本文化需求的实现。

第四节　河北省各城市基本公共文化服务均等化水平测量

本节从“投入-保障-产出-效果”四个维度对河北省各城市基本公共文化服务均等化水平进行了测量，相关数据均来源于《河北统计年鉴2020》。

一、各城市基本公共文化服务均等化投入指标分析

首先，总体来看，由图 4-1 和图 4-2 可知，河北省各城市基本公共文化服务投入水平存在较大差异，反映出各城市在公共文化服务投入方面的发展并不均衡。其中，超过全省平均水平的城市有 4 个，分别为张家口市、承德市、廊坊市和唐山市，约占总数的 36. 36%。其中，张家口市和承德市在公共文化服务投入方面表现得尤为突出，得分为 708. 58 分和 704. 95 分，这两个城市作为河北省主要的旅游城市，自然在文化投入上相对较高，而张家口市因 2022 年冬奥会的举办更是加大了对文化体育类公共服务的投入力度。邢台市、秦皇岛市、保定市、沧州市、衡水市、石家庄市和邯郸市在基本公共文化服务投入的总得分均低于全省平均水平。其中得分最低的邯郸市为 314. 2 分，与得分最高的张家口市之间的分值相差约 2.26 倍，说明河北省基本公共文化服务投入存在严重的不均衡现象。尤其值得注意的是，石家庄市作为河北省的省会，在基本公共文化服务投入方面表现欠佳，得分仅高于邯郸市，位列倒数第二名，可见石家庄市在发展政治经济的同时，还应该加大力度扶持公共文化服务领域，促进文化产业蓬勃发展。此外，秦皇岛市和保定市作为河北省两个主要的旅游城市在后续的发展过程中，也应该加强文化产业的投入力度，更好地以文化产业的发展带动旅游业的繁荣。

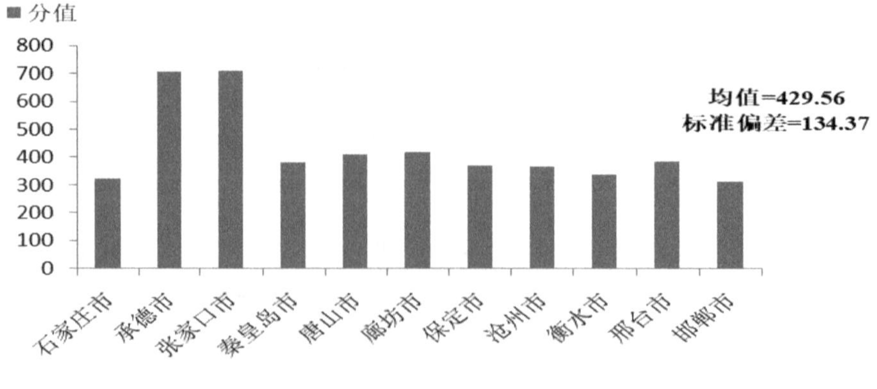

图 4-1　各城市基本公共文化服务均等化投入指标分值分布柱状图

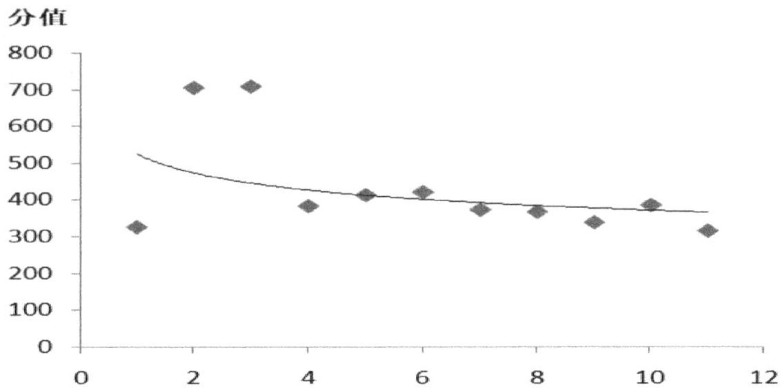

图 4-2　各城市基本公共文化服务均等化投入指标分值分布趋势图

其次，从各二级指标来看（见表 4-6），在人均文化旅游体育与传媒预算支出方面，全省共有 5 个城市高于全省平均水平，分别是张家口市、承德市、廊坊市、衡水市以及唐山市，其中张家口市的分值为 313. 09 分，远远高于其他城市，更是投入力度最低的邯郸市的约 6. 49 倍，究其原因主要和张家口市筹办冬奥会有直接的关系，国家在各方面投入力度较大，对张家口的文化体育与传媒预算支出高达 249810 万元。此外值得注意的是，保定市和邯郸市两个城市的预算支出均低于 60 分，说明政府要加大文化旅游体育与传媒预算支出，促进文化事业的发展。在每万人拥有公共图书馆数量方面，全省共有 5 个城市高于全省平均水平，分别是张家口市、承德市、邢台市、衡水市以及秦皇岛市，其中张家口市的分值最高为 148. 68 分，与最低分值的唐山市的 71. 49 分相比差别不大，可以看出在公共图书馆建设投入方面，河北省各城市均等化程度相对较好，并且均达到 70 分以上。在每万人拥有博物馆数量方面，全省共有 5 个城市高于全省平均水平，分别是承德市、唐山市、保定市、张家口市以及秦皇岛市，其中承德市的分值最高为 235. 71 分，与最低分值的邢台市相比差别较大，约是邢台市的 4. 48 倍，可以看出在博物馆建设投入方面，各城市均等化存在较大差异，衡水市、廊坊市和邢台市得分均低于 60 分，在后续博物馆建设方面要加大投入力度。在每万人拥有艺术表演场馆和团体数量方面，全省共有 4 个城市高于全省平均水平，分别是承德市、廊坊市、邢台市和张家口市，其中承德市的分值最高为 200. 27 分，与最低分值的衡水市的48.59分相比差别较大，约是衡水市的4.12倍，可以看出在艺术表演场馆和团体投入方面，各城市均等化存在较大差异，河北省只有衡水市得分低于60分，在后续艺术表演场馆和团体建设方面要加大投入力度。

表4-6　各城市基本公共文化服务均等化投入指标分值统计表

地区	人均文化旅游体育与传媒预算支出（元）	分值	排名	每万人拥有公共图书馆数量（个）	分值	排名	每万人拥有博物馆数量（个）	分值	排名	每万人拥有艺术表演场馆和团体数量（个）	分值	排名	投入指标分值	排名
全省	180.38	100		0.023	100		0.015	100		0.110	100		400	
石家庄市	178.98	99.22	6	0.022	95.61	7	0.010	64.94	8	0.072	65.03	10	324.8	10
承德市	242.29	134.32	2	0.031	134.65	2	0.036	235.71	1	0.221	200.27	1	704.95	2
张家口市	564.76	313.09	1	0.034	148.68	1	0.020	131.82	4	0.127	114.99	4	708.58	1
秦皇岛市	155.94	86.45	8	0.025	111.40	5	0.016	103.25	5	0.089	80.84	9	381.94	6
唐山市	195.61	108.44	5	0.016	71.49	11	0.021	138.31	2	0.103	93.55	6	411.79	4
廊坊市	215.22	119.31	3	0.022	98.25	6	0.008	52.60	10	0.165	149.50	2	419.66	3
保定市	94.61	52.45	10	0.021	90.79	8	0.021	134.42	3	0.104	94.01	5	371.67	7
沧州市	170.85	94.72	7	0.020	87.28	10	0.015	94.81	6	0.098	89.10	8	365.91	8
衡水市	204.48	113.36	4	0.027	117.54	4	0.009	57.79	9	0.054	48.59	11	337.28	9
邢台市	132.30	73.35	9	0.027	118.42	3	0.008	52.60	11	0.154	140.05	3	384.42	5
邯郸市	87.01	48.24	11	0.020	87.28	9	0.014	88.31	7	0.100	90.37	7	314.2	11

二、各城市基本公共文化服务均等化保障指标分析

首先，总体来看，由图4-3和图4-4可知，河北省各城市基本公共文化服务保障水平存在较大差异，反映各城市在公共文化服务保障发展方面并不均衡。其中，超过全省平均水平的城市有4个，分别为承德市、唐山市、廊坊市和秦皇岛市，约占总数的36.36%。其中，承德市在公共文化服务保障方面成效十分显著，得分为867.89分，远远超过其他城市。邯郸市、保定市、沧

州市、石家庄市、张家口市、衡水市和邢台市得分均低于全省平均水平，而得分最低的邢台市分数只达到了 258. 54 分，和最高分的承德市相差约 3.36 倍，说明在公共文化服务保障方面，个别城市之间存在较大差距，在均等化建设方面还需要加强。值得注意的是，石家庄市作为河北省的省会，在基本公共文化服务保障方面表现欠佳，位列第八名，后续还应该加大公共文化服务的保障力度，促进文化产业蓬勃发展。此外，张家口市在公共文化服务保障方面也不尽如人意，仅得到 316. 98 分，作为河北省重要的旅游城市以及 2022 年冬奥会的筹办地，应该更好地加大公共文化服务的保障力度，以提高公共文化服务的供给能力和水平。

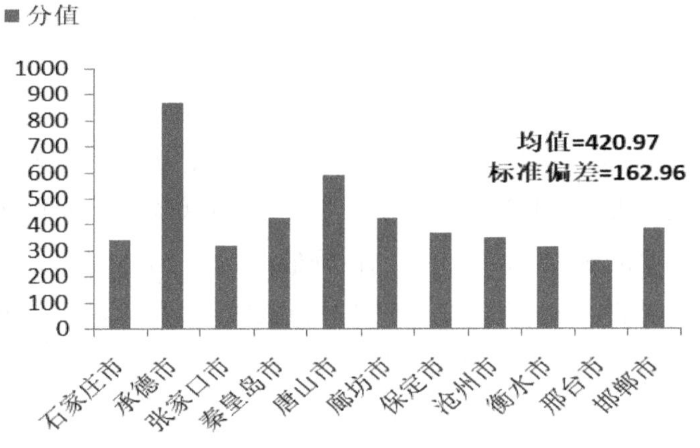

图 4-3　各城市基本公共文化服务均等化保障指标分值分布柱状图

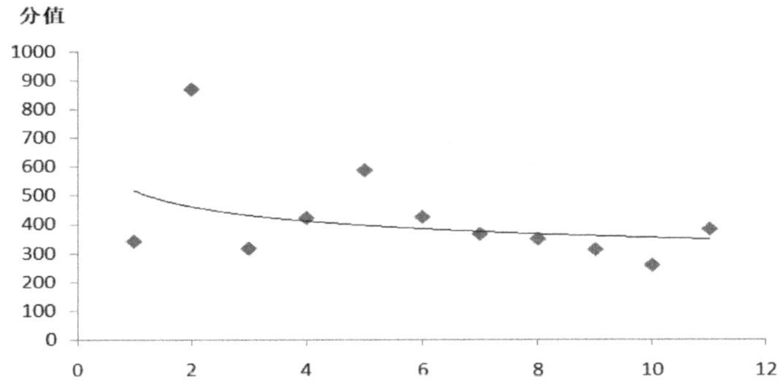

图 4-4　各城市基本公共文化服务均等化保障指标分值分布趋势图

其次，从各二级指标来看（见表4-7），在每万人中博物馆从业人员数量方面，全省只有3个城市高于平均水平，分别是承德市、唐山市和保定市，其中承德市的分值尤为突出为351. 06分，远远高出其他城市，主要是由于承德市是首批国家历史文化名城，比较重视博物馆建设，在每万人拥有博物馆数量方面得分也位居河北省首位。此外，需要注意的是，衡水市和邢台市的得分仅为31.68分和33.57分，反映出在博物馆人力资源保障方面，这两个城市与其他城市相比存在较大差距，需要在后续加强博物馆人才队伍的建设。在每万人拥有公共图书馆阅览室座席数量方面，全省共有6个城市高于全省平均水平，分别是廊坊市、邢台市、衡水市、唐山市、秦皇岛市以及沧州市，其中廊坊市的分值最高为139. 39分，与最低分值的张家口市的63. 15分相比差别不大，可以看出在公共图书馆阅览室建设保障方面，各城市均等化程度相对较好，并且均达到60分以上。在每万人拥有公共图书馆藏书量方面，全省共有5个城市高于全省平均水平，分别是廊坊市、唐山市、秦皇岛市、张家口市和石家庄市，其中廊坊市的分值最高为179. 35分，表现较好。而在低于全省平均水平的城市中，保定市的得分最低为60. 87分，虽表现欠佳，但差距不算特别显著，可以看出在公共图书馆藏书量方面，各城市均等化程度相对较好。在每万人拥有博物馆藏品数量方面，全省共有4个城市高于全省平均水平，分别是承德市、唐山市、邯郸市和保定市，其中承德市的分值最高为349. 85分，与其他城市相比优势特别明显。而在低于全省平均水平的城市中，邢台市和廊坊市得分较低，分别为17. 50分和26. 34分，最低分值的邢台市与最高分值的承德市相比约差19.99倍，可以看出在博物馆藏品数量建设方面，各城市均等化存在较大差异，也反映出较低得分的廊坊市和邢台市两个城市在发展过程中缺少历史积淀。

表 4-7　各城市基本公共文化服务均等化保障指标分值统计表

地区	每万人中博物馆从业人员数（人）	分值	排名	每万人拥有公共图书馆阅览室座席数（个）	分值	排名	每万人拥有公共图书馆藏书量（本）	分值	排名	每万人拥有博物馆藏品数（件/套）	分值	排名	保障指标分值	排名
全省	0.423	100		5.577	100		3593	100		30.45	100		400	
石家庄市	0.373	88.18	5	4.475	80.24	9	3682	102.48	5	21.49	70.57	7	341.47	8
承德市	1.485	351.06	1	4.600	82.48	7	3036	84.50	7	106.53	349.85	1	867.89	1
张家口市	0.303	71.63	8	3.522	63.15	11	3691	102.73	4	24.20	79.47	6	316.98	9
秦皇岛市	0.362	85.58	6	6.852	122.86	5	5542	154.24	3	18.11	59.47	9	422.15	4
唐山市	0.584	138.06	2	6.902	123.76	4	6302	175.40	2	45.63	149.85	2	587.07	2
廊坊市	0.339	80.14	7	7.774	139.39	1	6444	179.35	1	8.02	26.34	10	425.22	3
保定市	0.543	128.37	3	3.727	66.83	10	2187	60.87	11	33.66	110.54	4	366.61	6
沧州市	0.276	65.25	9	6.801	121.95	6	3385	94.21	6	20.71	68.01	8	349.42	7
衡水市	0.134	31.68	11	6.933	124.31	3	2471	68.77	9	26.78	87.95	5	312.71	10
邢台市	0.142	33.57	10	7.420	133.05	2	2674	74.42	8	5.33	17.50	11	258.54	11
邯郸市	0.406	95.98	4	4.538	81.37	8	2250	62.62	10	43.44	142.66	3	382.63	5

三、各城市基本公共文化服务均等化产出指标分析

首先，总体来看，由图4-5和图4-6可知，河北省各城市基本公共文化服务产出水平存在较大差异，反映出各城市在公共文化服务产出发展方面并不均衡。其中，超过全省平均水平的城市有5个，分别为秦皇岛市、承德市、廊坊市、张家口市和邯郸市，约占总数的45. 45%。其中，秦皇岛市和承德市在公共文化服务产出方面成效显著，分别为543. 34分和494. 32分，远远超过其他城市。邢台市、石家庄市、沧州市、唐山市、保定市和衡水市的得分均低于全省平均水平，而得分最低的衡水市分数只达到了96. 63分，和最高分的秦皇岛市相差约5.62倍，说明在公共文化服务保障方面，各城市存在较

大差距。衡水市在公共文化服务产出方面应该引起足够的重视，在后续应着力加大公共文化服务的产出力度，多组织开展丰富多彩的文化活动，更好地为公众提供公共文化服务。此外，石家庄市作为河北省的省会，是国务院批复确定的中国京津冀地区重要的中心城市之一，在基本公共文化服务产出方面表现欠佳，得分为268.48分，低于全省平均水平，位列第七名，石家庄市后续应该加大公共文化服务的产出力度，在全省起到示范和带头作用。

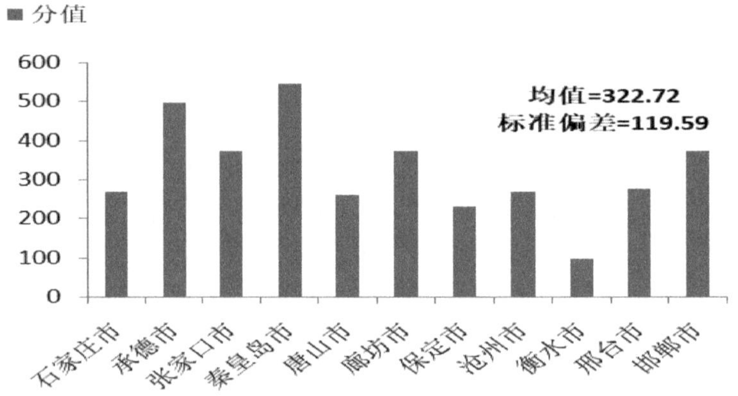

图 4-5　各城市基本公共文化服务均等化产出指标分值分布柱状图

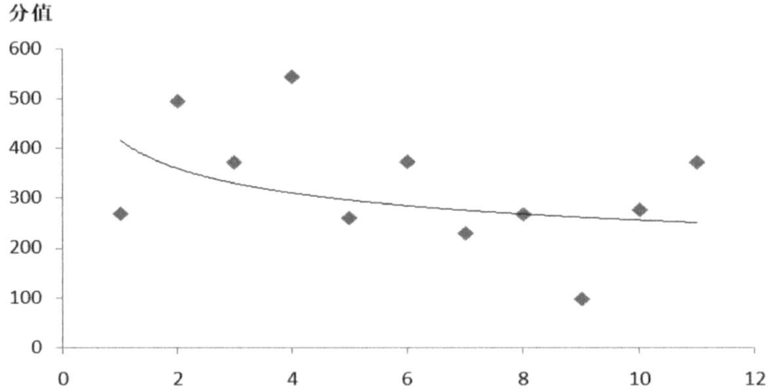

图 4-6　各城市基本公共文化服务均等化产出指标分值分布趋势图

其次，从各二级指标来看（见表4-8），在每万人公共图书馆组织各类讲座次数方面，全省有6个城市高于平均水平，分别是秦皇岛市、张家口市、廊坊市、邯郸市、石家庄市和沧州市，低于全省平均水平的城市是邢台市、衡水市、唐山市、承德市以及保定市。我们可以看到，承德市和保定市在公共图书馆组织各类讲座方面表现欠佳，仅仅得到了42. 05分及25. 94分。在公共图书馆的服务形式中，讲座以其特有的优势吸引了社会公众的参与，传播了先进文化与科学知识。讲座已成为图书馆重要的读者活动方式，是图书馆延伸服务中的重要内容，因此各城市要重视公共图书馆举办讲座的次数和质量，更好地为公众提供服务。在每万人博物馆举办展览数量方面，全省仅有3个城市高于全省平均水平，分别是承德市、唐山市和保定市，其他8个城市的得分均低于全省平均水平，可以看出在博物馆举办展览方面，河北省的整体情况不够好，尤其是邢台市和衡水市两个城市，仅仅得到了40分和20分，远远低于全省平均水平，在后续的文化活动开展方面尤其要注重博物馆举办展览方面，提高博物馆在宣传文化及服务公众方面的能力。在每万人艺术表演场馆及团体演出场次方面，全省共有5个城市高于全省平均水平，分别是秦皇岛市、承德市、邢台市、邯郸市和廊坊市，其中秦皇岛市的分值最高为185. 17分。其他6个城市得分均低于全省平均水平，尤为突出的是唐山市和衡水市两个城市，得分仅仅为38. 34分和13. 24分，反映出在艺术文化服务活动开展方面，两个城市发展欠佳，后续应该注重加强和提高。

表 4-8　各城市基本公共文化服务均等化产出指标分值统计表

地区	每万人公共图书馆组织各类讲座次数（次）	分值	排名	每万人博物馆举办展览数量（个）	分值	排名	每万人艺术表演场馆及团体演出场次（场）	分值	排名	产出指标分值	排名
全省	0.478	100		0.035	100		21.387	100		300	
石家庄市	0.516	107.95	5	0.028	80.00	7	17.224	80.53	8	268.48	7
承德市	0.201	42.05	10	0.098	280.00	1	36.844	172.27	2	494.32	2
张家口市	0.963	201.46	2	0.027	77.14	9	19.827	92.71	6	371.31	4
秦皇岛市	1.316	275.31	1	0.029	82.86	6	39.602	185.17	1	543.34	1
唐山市	0.266	55.65	9	0.058	165.71	2	8.199	38.34	10	259.7	9
廊坊市	0.705	147.49	3	0.030	85.71	5	29.773	139.21	5	372.41	3
保定市	0.124	25.94	11	0.046	131.43	3	15.362	71.83	9	229.2	10

（续表）

地区	每万人公共图书馆组织各类讲座次数（次）	分值	排名	每万人博物馆举办展览数量（个）	分值	排名	每万人艺术表演场馆及团体演出场次（场）	分值	排名	产出指标分值	排名
沧州市	0.485	101.46	6	0.027	77.14	8	18.981	88.75	7	267.35	8
衡水市	0.303	63.39	8	0.007	20.00	11	2.831	13.24	11	96.63	11
邢台市	0.384	80.33	7	0.014	40.00	10	33.292	155.66	3	275.99	6
邯郸市	0.642	134.31	4	0.034	97.14	4	29.896	139.79	4	371.24	5

四、各城市基本公共文化服务均等化效果指标分析

首先，总体来看，由图4-7和图4-8可知，河北省各城市基本公共文化服务效果水平存在较大差异，反映各城市在公共文化服务效果方面并不均衡。其中，超过全省平均水平的城市有4个，分别为沧州市、邯郸市、唐山市和石家庄市，约占总数的36. 36%。其中，沧州市在公共文化服务效果方面成效显著，得分为567. 89分，远远超过其他城市。在得分均低于全省平均水平的7个城市中，衡水市的得分最低，仅为180. 96分，和最高分的沧州市相差约3.14倍，说明在公共文化服务效果方面，各城市存在较大差距。衡水市在公共文化服务效果方面应该引起足够的重视，在后续应着力加大公共文化服务活动的宣传力度，多组织开展老百姓喜闻乐见的、丰富多彩的文化活动，吸引公众积极参与到公共文化活动中来。

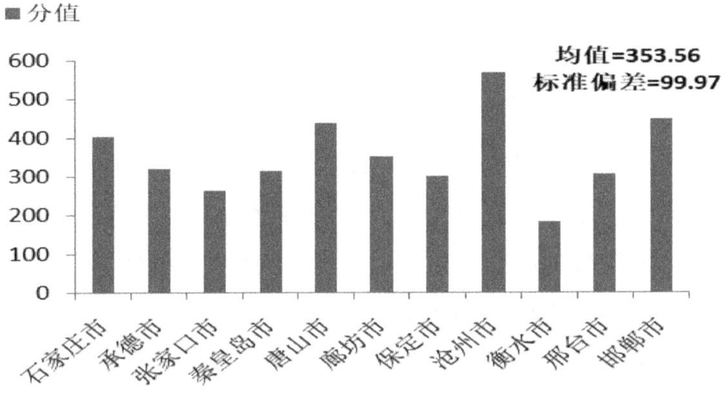

图 4-7 各城市基本公共文化服务均等化效果指标分值分布柱状图

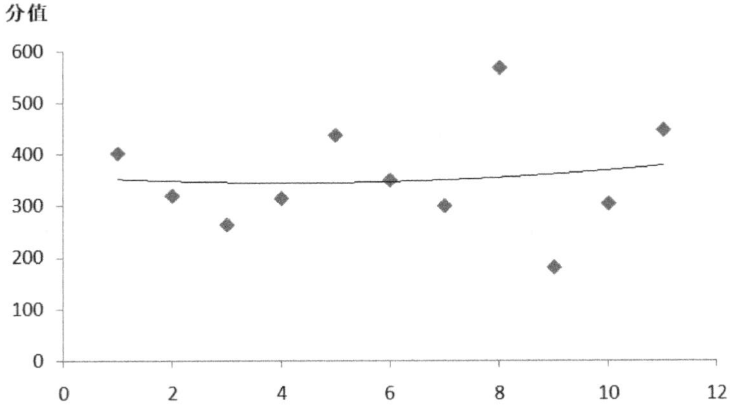

图 4-8 各城市基本公共文化服务均等化效果指标分值分布趋势图

其次，从各二级指标来看（见表4-9），在公共图书馆人均流通次数方面，全省有6个城市高于平均水平，分别是唐山市、秦皇岛市、邯郸市、邢台市、廊坊市和沧州市，其中，唐山市在公共图书馆人均流通方面表现最好，得分为202.24分，说明唐山市的图书馆利用率相对较高，效果较好。低于全省平均水平的城市是石家庄市、衡水市、保定市、承德市和张家口市。可以看到，保定市、承德市和张家口市在公共图书馆人均流通方面表现欠佳，得分分别为34.82分、32.59分和25.88分，说明这三个城市的图书馆利用率低，公众去图书馆借阅图书的积极性并不高。在公共图书馆人均参加讲座次数方面，全省仅有2个城市高于全省平均水平，分别是沧州市和廊坊市，约占总数的18.18%。低于全省平均水平的城市有9个，其中衡水市、邢台市、保定市和承德市的得分均在60分以下，尤其承德市仅得到了26.81分，反映出在组织的公共图书馆讲座方面，受众群体数量很少，应该进一步挖掘原因，尽可能提供公众需要的讲座内容，迎合公众的喜好和需求。在博物馆人均参加展览次数方面，全省有5个城市高于全省平均水平，分别是承德市、石家庄市、邯郸市、唐山市和保定市，承德市在博物馆人均参加展览次数方面表现最好，得分为187. 92分，这应该和承德市作为历史文化名城和重要的旅游城市密不可分。其他6个城市的得分均低于全省平均水平，沧州市、秦皇岛市、衡水市和张家口市的得分均低于60分，反映出在博物馆举办展览方面，受众群体不多，活动的参与效果不好，后续应该开展调研，挖掘问题存在的原因，是展览的内容脱离公众需求还是活动的宣传渠道不到位，并在后续进一步完善。在艺术表演场馆及团体人均观看次数方面，全省仅有3个城市高于全省平均水平，分别是沧州市、张家口市和保定市，其中沧州市的分值最高，为298. 18分，远远超过其他城市，反映出沧州市开展的艺术活动很受公众喜爱。其他8个城市得分均低于全省平均水平，尤为突出的是衡水市得分仅仅为19. 82分，与最高分的沧州市得分相差15倍之多，衡水市在艺术表演场馆及团体开展演出的产出指标方面也位居河北省最后一名，反映出在艺术文化服务活动开展方面，衡水市存在很多问题而导致公众的参与意识不强，应该引起有关文化部门的重视。

表 4-9　各城市基本公共文化服务均等化效果指标分值统计表

地区	公共图书馆人均流通次数（次）	分值	排名	公共图书馆人均参加讲座次数（次）	分值	排名	博物馆人均参加展览次数（次）	分值	排名	艺术表演场馆及团体人均观看次数（次）	分值	排名	效果指标分值	排名
全省	0.313	100		0.0057	100		0.389	100		0.878	100		400	
石家庄市	0.282	90.10	7	0.0051	89.35	3	0.570	146.53	2	0.669	76.20	5	402.18	4

（续表）

地区	公共图书馆人均流通次数（次）	分值	排名	公共图书馆人均参加讲座次数（次）	分值	排名	博物馆人均参加展览次数（次）	分值	排名	艺术表演场馆及团体人均观看次数（次）	分值	排名	效果指标分值	排名
承德市	0.102	32.59	10	0.0015	26.81	11	0.731	187.92	1	0.637	72.55	6	319.87	6
张家口市	0.081	25.88	11	0.0042	73.84	5	0.090	23.14	11	1.237	140.89	2	263.75	10
秦皇岛市	0.454	145.05	2	0.0042	73.39	6	0.148	38.05	9	0.511	58.20	7	314.69	7
唐山市	0.633	202.24	1	0.0034	60.16	7	0.482	123.91	4	0.451	51.37	8	437.68	3
廊坊市	0.349	111.50	5	0.0063	111.6	2	0.312	80.21	7	0.409	46.58	10	349.98	5
保定市	0.109	34.82	9	0.0021	36.53	10	0.418	107.46	5	1.066	121.41	3	300.22	9
沧州市	0.321	102.56	6	0.0069	120.8	1	0.180	46.27	8	2.618	298.18	1	567.89	1
衡水市	0.232	74.12	8	0.0030	53.09	8	0.132	33.93	10	0.174	19.82	11	180.96	11
邢台市	0.363	115.97	4	0.0023	40.05	9	0.378	97.17	6	0.451	51.37	9	304.56	8
邯郸市	0.422	134.82	3	0.0176	89.35	4	0.496	127.51	3	0.840	95.67	4	447.35	2

五、各城市基本公共文化服务均等化总体指标分析

通过以上“投入-保障-产出-效果”四个部分的分析，我们能够直观地了解河北省各城市基本公共文化服务在各个方面的发展现状和均等化水平。将四个部分的情况汇总到表4-10中，可以更清晰地呈现基本公共文化服务发展方面河北省的整体情况。通过图4-9和4-10可以看到，河北省各城市基本公共文化服务总分的标准偏差相对较大，反映河北省基本公共文化服务方面发展不够均衡。共有7个城市的总分超过河北省平均水平，分别是承德市、唐山市、秦皇岛市、张家口市、廊坊市、沧州市和邯郸市，其中承德市的得分最高为2387. 03分，远远超过其他城市的水平，反映承德市的基本公共文化服务整体发展情况较好。从承德市的各个指标也可以看到，其投入及保障指标得分均位于河北省第一，产出位列第二，效果位列第六，说明承德市后续

应该加强公共文化服务活动的宣传，以便提高文化活动的参与率，更好地惠及公众。低于河北省平均水平的城市共有4个，其中衡水市得分最低，为927. 58分，与最高分相比相差1459. 45分，说明在个别城市之间基本公共文化服务的发展还存在较大差异。

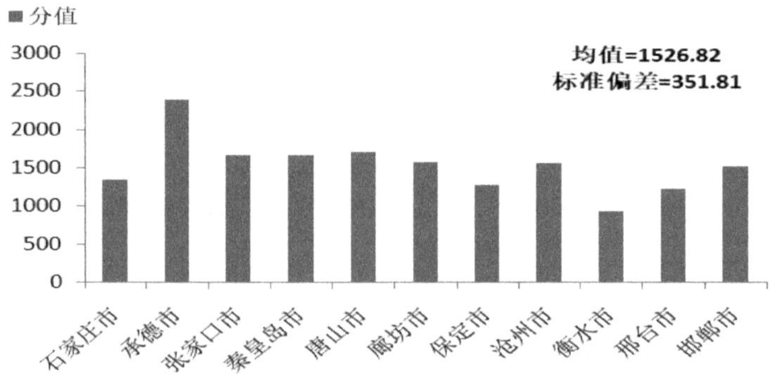

图 4-9　各城市基本公共文化服务均等化总得分分布柱状图

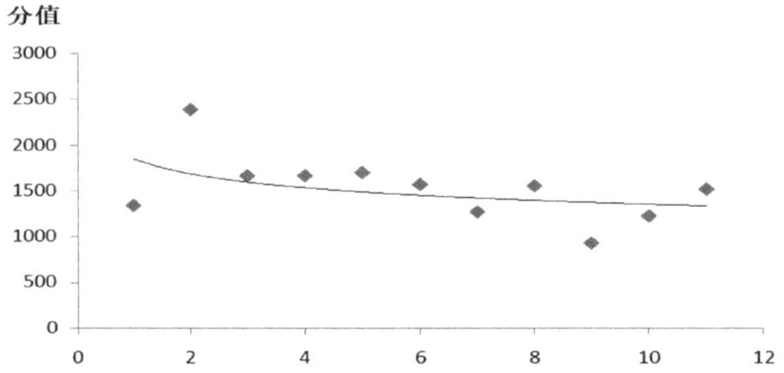

图 4-10　各城市基本公共文化服务均等化总得分分布趋势图

将四个指标得分与总分排名进行比较分析不难发现，石家庄市作为河北省的省会，在公共文化服务投入、保障和产出方面均低于全省平均水平，需要在后期进行加强，但其效果指标得分却超过全省平均水平，位列河北省第四，说明石家庄市作为省会城市，其公民的文化活动参与意识较强，应该继续保持文化活动的宣传力度，为丰富公众的精神文化生活提供支持。值得注意的是，沧州市在公共文化服务投入、保障及文化服务产出方面表现并不理想，分别排在河北省第八、第七和第八位，而效果方面的得分却排在了第一位，说明沧州市公民的公众参与意识比较强，也可以反映出沧州市所提供的文化产品和服务能够极大程度地迎合公众的需求和喜好，因而取得了较好的效果。但沧州市在其他指标上都低于河北省平均水平，说明政府在公共文化服务活动方面还存在许多短板，应该进一步加大资金的投入力度和保障力度，多开展丰富多彩的文化活动迎合公众的需求，惠及广大群众。此外，衡水市在公共文化服务的整个过程中都存在问题，投入位列第九，保障位列第十，产出和效果方面得分均位列第十一，说明衡水市在整个公共文化服务体系建设方面均需要加强。而张家口市在公共文化服务方面却存在着严重的失衡，其文化投入位列全省第一，保障水平位列全省第九，产出水平位列全省第四，效果方面位列全省第十，说明张家口市在文化投入建设方面存在一定的盲目性，没有很好地考虑公众的需求，并且由于服务保障不到位等因素，导致文化服务的高产出并没有很好地迎合公众的喜好，而导致公众参与意识不强，在后续应该进行修正和完善。

表 4-10　各城市基本公共文化服务均等化总体指标统计表

地区	投入指标分值	排名	保障指标分值	排名	产出指标分值	排名	效果指标分值	排名	总分	排名
全省	400		400		300		400		1500	
石家庄市	324.8	10	341.47	8	268.48	7	402.18	4	1336.93	8
承德市	704.95	2	867.89	1	494.32	2	319.87	6	2387.03	1
张家口市	708.58	1	316.98	9	371.31	4	263.75	10	1660.62	4
秦皇岛市	381.94	6	422.15	4	543.34	1	314.69	7	1662.12	3
唐山市	411.79	4	587.07	2	259.7	9	437.68	3	1696.24	2
廊坊市	419.66	3	425.22	3	372.41	3	349.98	5	1567.27	5
保定市	371.67	7	366.61	6	229.2	10	300.22	9	1267.7	9
沧州市	365.91	8	349.42	7	267.35	8	567.89	1	1550.57	6
衡水市	337.28	9	312.71	10	96.63	11	180.96	11	927.58	11
邢台市	384.42	5	258.54	11	275.99	6	304.56	8	1223.51	10
邯郸市	314.2	11	382.63	5	371.24	5	447.35	2	1515.42	7

第五章　河北省基本公共教育服务均等化现状

基本公共教育服务的概念是随着我国基本公共服务的发展而提出的。基本公共教育服务是指在教育领域提供的基础性公共服务，具有公共性、普惠性、基础性、发展性四个主要特征，是主要由政府提供，与全体人民群众最关心、最直接、最现实的切身利益密切相关的公共教育服务，是实现人的终身发展的基本前提和基础。

《国家中长期教育改革和发展规划纲要（2010—2020年）》明确提出，到2020年要形成惠及全民的公平教育，建成覆盖城乡的基本公共教育服务体系，逐步实现基本公共教育服务均等化，缩小区域差距。《国家基本公共服务体系“十二五”规划》将基本公共教育服务体系作为重要内容，明确了“十二五”时期基本公共教育服务的范围，将普惠性学前教育、九年义务教育和高中阶段教育纳入基本公共教育服务范围，并明确了“十二五”时期基本公共教育服务的标准。

第一节　我国基本公共教育服务的发展历程

教育事关社会进步和民族振兴，教育事业的发展有利于提升我国国民整体素质和文化水平，促进人的全面发展和进步。新中国成立以来，党和政府一直高度重视我国教育事业的发展，做了大量的工作。本章从以下几个阶段研究新中国成立后我国基本公共教育事业的发展历程。第一阶段，1949年新中国成立之初到改革开放前。旧社会被推翻后，新中国的教育工作面临巨大的挑战，当时我国的文盲、半文盲占总人口80%以上。在改革开放之前，我国教育事业处于探索时期，教育基础弱底子薄的面貌在不断改善，公共教育服务正处于萌芽状态。第二阶段，1978年开始改革开放到2000年。这一阶段，我国大力推进义务教育的发展，在国家教育事业的普及和资金的支持上都有了较大的发展，是我国基本公共教育服务蓬勃发展的时期。第三阶段，2001—2020年，这一时期我国教育事业发展在各阶段均取得了巨大成就，尤其是全面实现了"两基"攻坚目标，即基本普及九年义务教育和基本扫除青壮年文盲。除此之外，我国公共教育服务体系的建设也有了一定的进展，教育事业越来越朝着优质均衡的方向迈进。第四阶段，从2021年至今，国家"十四五"规划中指出了我国未来教育的发展方向，提出我国教育事业高质量发展，大力推进基本公共教育均等化。

一、我国公共教育服务的萌芽期（1949—1978 年）

新中国的成立给中华民族带来了新的希望，我国的一切发展都有了政治基础和前提，各方面百废待兴。在教育上，我们面临着如何处理旧教育、旧学校，建立适应我国国情的新教育等一系列的问题。1949 年 12 月，中央人民政府教育部在北京召开了新中国第一次全国教育工作会议，此次会议明确了新中国教育的总方针，明确了我国教育的工作重点和主要任务，提出吸取旧教育经验、借鉴苏联经验，制定了一系列具体方案，例如草拟了工农速成中学，拟定创办中国人民大学的实施计划等。在教育总方针确定的基础上，1951 年 10 月我国颁布了《关于改革学制的决定》，这是新中国第一个学制文件，它指出我国原有学制的诸多问题，将新学制分为正规学校系统和成人业余学校两个系统，并对各级各类学校的地位、年限、衔接等作出明确规定。1952 年，《小学暂行规程（草案）》和《中学暂行规程（草案）》正式颁布，全面规范了我国中小学教育，形成了基本课程框架。之后教育部根据这两个文件制定了新的小学、中学各科目的教学大纲，新中国初步建立起了新的基础教育课程体系。

到 1965 年年底，我国中等学校学生达到 1432 万人，小学在校生达到 11626.9 万人，比新中国成立前最高的 1946 年分别增长了 6.9 倍和 3.9 倍，学龄儿童入学率达到 85%，我国基础教育恢复较为全面。从 1949 年到 1965 年，全国扫除文盲 10272.3 万人，年均扫盲 604.3 万人。这一时期我国的基础教育逐渐走向正规，普通中等教育为我国培养了 2000 多万名毕业生，为我国全方位的发展提供了人力资源保障。

二、我国公共教育服务的初始期（1978—2000 年）

改革开放后，我国的教育事业迎来了新的发展。1982年，我国颁布的《中华人民共和国宪法》中指出“普及初等义务教育”。这是我国首次以宪法的形式确定在我国普及初等义务教育，开创了我国教育事业发展的新局面。1983年，邓小平在给北京景山学校的回复中写道：“教育要面向现代化，面向世界，面向未来。”“面向现代化、面向世界、面向未来”也成为之后我国教育改革的新的总方针。1985年5月，我国颁布了《中共中央关于教育体制改革的决定》。该项决定明确我国教育体制改革的根本目的就是“提升民族素质，多出人才、出好人才”，首次提出“有步骤地实行九年义务教育”，并相继出台了一系列有关师资队伍建设的措施和办法。为保证义务教育的顺利推行，1986年我国颁布《中华人民共和国义务教育法》，指出“凡具有中华人民共和国国籍的适龄儿童、少年，不分性别、民族、种族、家庭财产、宗教信仰等，依法享有平等接受义务教育的权利，并履行接受义务教育的义务”。义务教育发展有了专门的法律，得到更加全面的保障，我国基础教育走上法制化道路。

1992年，党的十四大明确提出：“到本世纪末，基本普及九年义务教育，基本扫除青壮年文盲。”这两个基本就是我国在20世纪90年代教育事业发展的主要目标。1993年，《中国教育改革和发展纲要》正式将“两基”

作为新的奋斗目标。1994年，全国教育工作会议上重申“两基”的重要性，这是我国教育的重中之重，要切实转化为国家行动。至此，普及九年义务教育在全国各地如火如荼地开展起来。教育部发布的《2000年全国教育事业发展统计公报》中指出，我国教育事业取得了显著成效，2000年年底，全国普及九年义务教育的地区人口覆盖率达到85%，“普九”验收的县（市、区）总数达到2541个（含其他县级行政区划单位156个），11个省市已按要求实现“普九”。全国幼儿园17.58万所，全国小学55.36万所，招生1946.47万人；全国初中学校6.39万所；全国普通高中1.46万所，比1999年增加437所；全国共扫除文盲258.04万人，青壮年文盲率下降至5%以下。这一时期我国的教育事业有了很大发展，初步实现了“基本普及九年义务教育，基本扫除青壮年文盲”的教育目标。

三、我国公共教育服务的形成期（2001—2020 年）

虽然我国已初步实现“两基”任务，普及九年义务教育也有了一定成效，但是我国的教育事业仍然面临众多的问题。我国仍有410个县还未实现“两基”，其中有215个贫困县，这些县的义务教育程度远远落后于全国平均水平。除此之外，农村的教育也是我国教育的一大难题，农村教育基础薄弱，尤其是我国西部农村的义务教育量大面广，仍面临许多挑战。这一阶段，我国开始进行公共教育服务体系的探索和建设，以追求提供更加均衡和优质的公共教育服务。

2001年，《国务院关于基础教育改革与发展的决定》中指出要解决农村义务教育经费问题，加大资金投入，明确提出农村义务教育管理的轨道应该由“人民教育人民办”开始转向“人民教育政府办”。2003年，国务院召开新中国成立以来的第一次全国农村教育工作会议，研究农村义务教育普及和发展问题，并且就西部地区“两基”攻坚提出了明确的要求。2004年，教育部下发《2004—2010年西部地区教育事业发展规划》，详细阐述了西部地区教育事业发展的主要任务与目标，明确着力实施“西部教育信息化工程”

“西部地区职业教育振兴工程”“西部教师队伍素质提升工程”等工程。2007年，西部地区教育如期完成了“两基”攻坚任务，实现了西部教育的历史性巨变。为进一步推进教育均衡发展，2005年教育部发布了《关于进一步推进义务教育均衡发展的若干意见》，明确提出把推进义务教育均衡发展摆在重要位置，各县限期改造基础薄弱学校，加强公共教育资源的合理配置，保障教育均衡发展所需的资金，缩小办学条件差距等来大力推进义务教育均衡发展。2006年，新修订的《义务教育法》以法律形式明确了义务教育的免费原则，确立义务教育经费保障机制改革的主要内容。2008年秋，义务教育免费原则推广至全国，至此，义务教育实现全免费。2007年5月，教育部发布《国家教育事业发展“十一五”规划纲要》，强调在我国全面建成小康社会就要坚持教育优先发展。“十一五”时期，我国教育事业持续发展，教育体系更加完善。

2011年10月，教育部发布《国家中长期教育改革和发展规划纲要（2010—2020年）》。该规划纲要提出了“到2020年，基本实现教育现代化，基本形成学习型社会，进入人力资源强国行列”的战略目标，基本普及学前教育，巩固提高九年义务教育水平，加快普及高中阶段的教育，推动普通高中多样化发展等。2012年7月，教育部印发《国家教育事业发展第十二个五年规划》，明确指出健全基本公共教育服务体系，按照基本公共服务普及普惠的要求，巩固城乡免费九年义务教育，促进义务教育均衡发展；基本普及高中阶段教育，重点加强中等职业教育；基本建立“广覆盖、保基本、多形式、有质量”的学前教育体系，重点发展农村学前教育。2012年9月，《国务院关于深入推进义务教育均衡发展的意见》从意义、思想目标、组织管理等方面对推进义务教育均等化发展提出相应的意见要求。2016年，《国务院关于统筹推进县域内城乡义务教育一体化改革发展的若干意见》中强调，推进县域内城乡义务教育学校建设标准统一、教师编制标准统一、生均公用经费基准定额统一、基本装备配置标准统一和“两免一补”“政策城乡全覆盖”等。2017年4月，《县域义务教育优质均衡发展督导评估办法》的颁布，确定了县域内义务教育是否优质均衡的评估内容和标准，确定了评估程序，标志着我国义务教育由“基本均衡”进入“优质均衡”阶段。截至2018年年底，全国92.8%的县（市、区）通过义务教育均衡发展督导评估。2019年2月，中共中央、国务院印发《中国教育现代化2035》，提出推进教育现代化的总体目标是：到2020年，全面实现“十三五”发展目标，教育总体实力和国际影响力显著增强，劳动年龄人口平均受教育年限明显增加，教育现代化取得重要进展。2035年主要发展目标是：建成服务全民终身学习的现代教育体系，普及有质量的学前教育，实现优质均衡的义务教育，全面普及高中阶段教育，职业教育服务能力显著提升，高等教育竞争力明显提升，残疾儿童少年享有适合的教育，形成全社会共同参与的教育治理新格局。

四、我国公共教育服务体系的高质量发展期（2021 年—　）

我国教育事业经过 70 多年的发展，已经取得了比较显著的成就，人民群众对教育的要求也从“有学上”转变为“上好学”。教育作为推动我国经济发展和社会稳定的重要内在动因，未来需要朝着高质量发展。

2021 年 3 月，十三届全国人大四次会议上通过《中华人民共和国国民经济和社会发展第十四个五年规划和 2035 年远景目标纲要》。该纲要明确提出建设高质量教育体系，坚持教育优先发展，继续推进基本公共教育均等化；巩固义务教育基本均衡成果，完善办学标准，推动义务教育优质均衡发展和城乡一体化；加快城镇学校扩容增位，保障农业转移人口随迁子女平等享有基本公共教育服务；改善乡村小规模学校和乡镇寄宿制学校条件，加强乡村教师队伍建设，提高乡村教师素质能力，完善留守儿童关爱体系；巩固提升高中阶段教育普及水平，鼓励高中阶段学校多样化发展，高中阶段教育毛入学率提高到 92%以上。

2021 年 8 月，教育部公布《2020 年全国教育事业发展统计公报》，指出我国积极推进教育事业改革的各项工作有了较大的进展，全国共有幼儿园 29.17 万所，比上年增加 1.05 万所，增长 3.75%。其中，普惠性幼儿园 23.41 万所，比上年增加 3.12 万所，增长 15.40%，占全国幼儿园的比例为 80.24%。

学前教育毛入园率达到85.2%，比上年提高1.8个百分点。全国共有义务教育阶段学校21.08万所，招生3440.19万人，在校生1.56亿人，专任教师1029.49万人，九年义务教育巩固率95.2%。其中，小学学龄儿童净入学率99.96%，初中阶段毛入学率102.5%。全国共有高中阶段教育学校2.45万所，比上年增加82所，增长0.34%；招生1521.10万人，比上年增加81.24万人，增长5.64%；在校生4163.02万人，比上年增加168.12万人，增长4.21%。高中阶段毛入学率91.2%，比1999年提高1.7个百分点。

2021年9月，教育部办公厅、国家发展改革委办公厅、财政部办公厅发布《关于编制义务教育薄弱环节改善与能力提升项目规划（2021—2025年）的通知》，主要对校园校舍建设、设施购置、信息化建设等教育建设的薄弱环节进行规划，从而提升教育质量和能力。

第二节　河北省基本公共教育服务的发展现状

一、河北省基础教育总体情况

教育公平是社会公平的重要基础，促进基础教育均衡发展是促进教育公平的前提。近年来，河北省委、省政府大力实施科教兴冀战略，不断加大投入和保障力度，全省基础教育呈现快速健康发展的良好态势。河北教育“十三五”圆满收官，基础教育普及巩固程度超过全国平均水平，高等教育进入普及化阶段，全民终身学习的现代教育体系初步建成。

目前，河北省学前三年毛入园率达到89.07%，比2015年提高7.67个百分点。九年义务教育巩固率达到97.60%，比2015年提高3个百分点。高中阶段教育毛入学率达到94.14%，比2015年提高4.99个百分点。基础教育普及巩固程度超过全国平均水平。高等教育毛入学率达到51.29%，比2015年提高8个百分点，进入普及化阶段。新增劳动力平均受教育年限达到14.04年，全民终身学习的现代教育体系初步建成。

河北省学前教育普及普惠水平显著提高，公办园在园幼儿占比达到55.87%，普惠性幼儿园覆盖率达到82.98%，圆满地完成了目标任务。普通高中数量和在校生规模位居全国前列，近65%的学生享受优质的高中教育。11所高职院校被教育部认定为国家优质高职院校，数量居全国第五。11所高校53个专业通过工程（医学、师范）教育专业认证，教育水平得到国际认可。

河北省还不断深化教师队伍管理体制机制改革，为 84 万名中小学教职工和 7 万名高校教职工建立了“一师一号”电子档案，全省超过 80%的县（市、区）开展了义务教育“县管校聘”管理改革，并构建了适合河北省情的督政、督学、评估监测三位一体的教育督导体制机制。河北省采取逐年增加财政投入，建立完善全省中小学教职工编制城乡统一、区域统筹和动态调整机制，提高教师尤其是艰苦边远地区教师待遇三项措施，支持基础教育优质均衡发展。

二、河北省基础教育各阶段情况汇总

基础教育与义务教育并非完全一致。在中国，基础教育包括幼儿教育（一般为 3～5 岁）、义务教育（一般为 6～15 岁）、高中教育（一般为 16～19 岁）以及扫盲教育。其中涵盖小学和初中阶段的义务教育，具有普及性、公共性和强迫性的特点，是国家统一实施的所有适龄儿童少年必须接受的教育，是国家必须予以保障的公益性事业。

（一）学前教育

学前教育一般是指满 3 周岁开始进入幼儿园学习的阶段，也称为幼儿园教育阶段或者学前三年入园教育。

1.学前教育学校数量

截至 2019 年年底，河北省幼儿园总量达到 16559 所，在园幼儿 239.03 万人，学前三年毛入园率达到 87.39%，高出全国平均水平 3.99 个百分点，幼儿园规模居全国第四位，在园幼儿数量居全国第六位。

2015—2019 年，河北省学前教育学校数量呈不断上涨趋势，从 2015 年的 12959 所增长到 2019 年的 16559 所，增加了 3600 所，增幅为 27.78%，具体情况如图 5-1 所示。

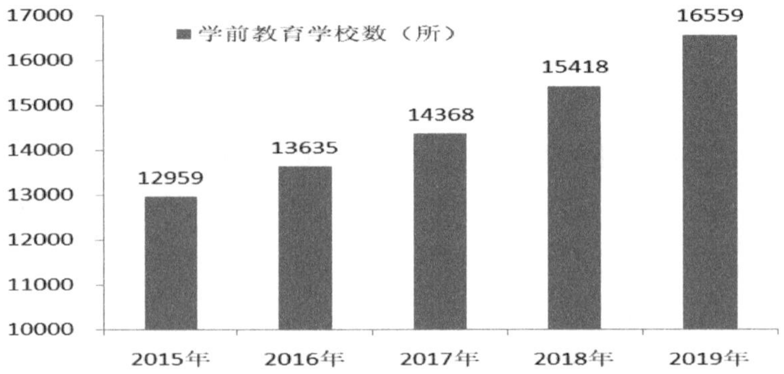

图 5-1　2015—2019 年河北省学前教育学校数量

2.学前教育师资力量

师资队伍建设是事关办学水平的重要因素。河北省学前教育机构专任教师数量近年来逐年增加，从 2015 年的 9.81 万人逐步增加到 2019 年的 13.51 万人，增加 3.7 万人，增幅达 37.72% （见图 5-2）。

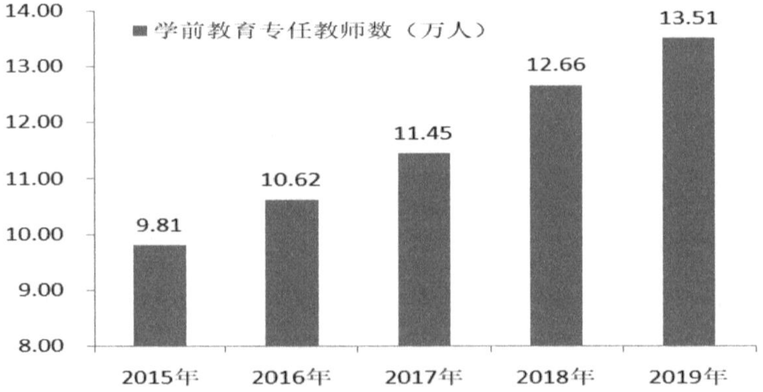

图 5-2　2015—2019 年河北省学前教育专任教师数量

虽然近些年，学前教育机构的专任教师数量逐年增加，但实际情况并不乐观。河北省人大常委会教科文卫工委调研发现，目前河北省幼儿教师队伍的现状是数量不足、素质不高、待遇偏低，这些问题已经成为当前制约学前教育健康发展的瓶颈。调研中发现，虽然全省幼儿园教师专科及以上学历比例达到74.14%，但是“半路出家”的多、“科班出身”的少。调研组认为，应立足实际，合理确定高等学校、中等职业学校学前教育专业的培养规模和层次，深化学前教育专业课程与教学改革，提高学前师资培养质量，下大力气解决幼儿教师队伍在性别比例、学历层次、骨干教师构成等队伍结构方面的问题，特别是要为广大农村培养一批用得上、留得住的专业师资。

（二）小学教育

小学是人们接受初等正规教育的学校，是基础教育的重要组成部分，属于九年义务教育范围之内。根据《义务教育法》规定，适龄儿童从 6 周岁开始必须接受为期 6 年的小学教育(极少数地区是五年制小学)。2020 年，全国共有普通小学 15.8 万所，小学招生 1808.09 万人，在校生 10725.35 万人，小学共有专任教师 643.42 万人，小学学龄儿童净入学率 99.96%。

1.小学学校数量

2015—2019 年，河北省小学学校数量除 2019 年较 2018 年略有增长外，基本呈下降趋势，从 2015 年的 12126 所减少到 2019 年的 11604 所，减少了 522 所，降幅为 4.3%，具体情况如图 5-3 所示。

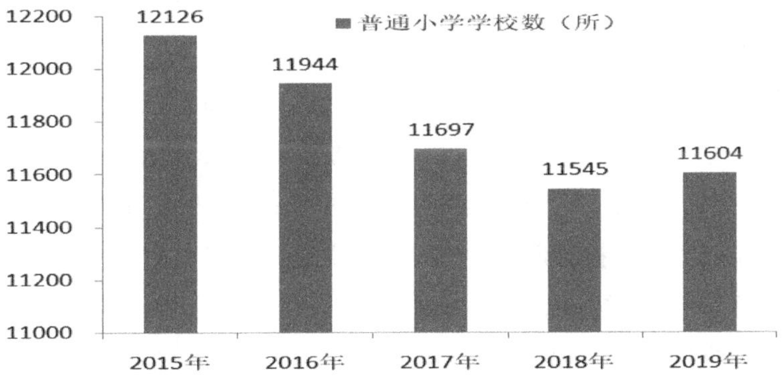

图 5-3　2015—2019 年河北省普通小学学校数量

2.普通小学师资力量

小学教育，谓之基础教育，基础教育乃人一生教育之根本。基础教育的重要性可见一斑，小学教育亦是重中之重，对小学教师的要求理应慎重、严格。做好小学生的启蒙教育是小学教师一项光荣而又艰巨的任务，要不辞劳苦地教授学生们学会新的知识，发现学生的兴趣爱好，及时找出学生存在的问题并寻求适当的解决方法，促使学生能健康快乐地成长。

河北省普通小学专任教师数量近年来逐年增加，从 2015 年的 32.02 万人逐步增加到 2019 年的 36.53 万人，增加 4.51 万人，增幅达 14.08%（见图 5-4）。

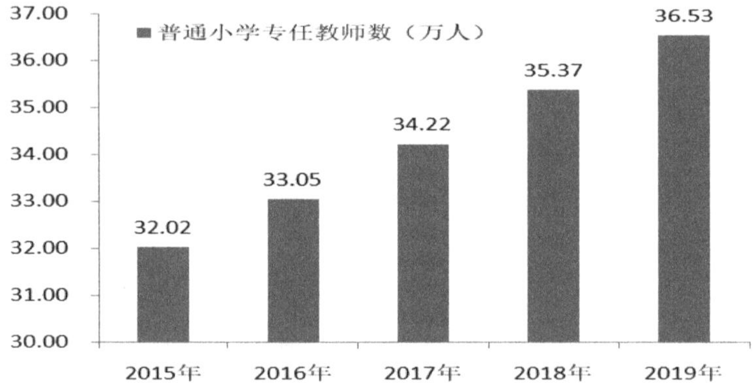

图 5-4　2015—2019 年河北省普通小学专任教师数量

（三）初中教育

中学教育是小学教育的继续和进入高等院校或转入其他中等学校的预备阶段，是暂时不能升学的初、高中学生准备就业的学习阶段。中学教育的对象是年龄在 11、12 岁至 17、18 岁之间的青少年，他们正处在生理、心理迅速发展和突变的转折时期，正经历着急剧获取知识和增长才干，以及世界观、人生观、价值观初步形成的关键年段。中学教育包括初中阶段和高中阶段两个层次的教育，中学教育对社会主义现代化建设中的物质文明建设和精神文明建设都起着至关重要的作用。

1.初中学校数量

2015—2019年，河北省初中学校数量变化不显著，从2015年的2378所，到2019年的2405所，增加了27所，增幅仅为1.14%，具体情况如图5-5所示。

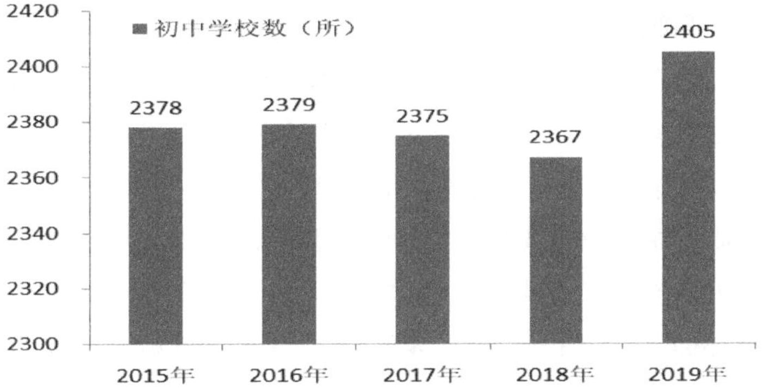

图 5-5　2015—2019 年河北省初中学校数量

2.初中师资力量

如果说小学是孩子进入校园的起点，高中是孩子的冲刺阶段，那么初中作为两者之间，就是发展期和稳定期，这也就意味着初中其实是孩子改变最快、进步最快的三年，在这三年之间塑造的孩子的学习习惯和生活习惯等几乎决定了孩子之后的发展。因此，初中学校的教师师资情况，包括师资数量以及质量都对孩子的性格及学习习惯的培养具有十分重要的作用。

河北省初中学校专任教师数量近年来逐年增加，从 2015 年的 17.10 万人逐步增加到 2019 年的 20.54 万人，增加 3.44 万人，增幅达 20.12%（见图 5-6）。

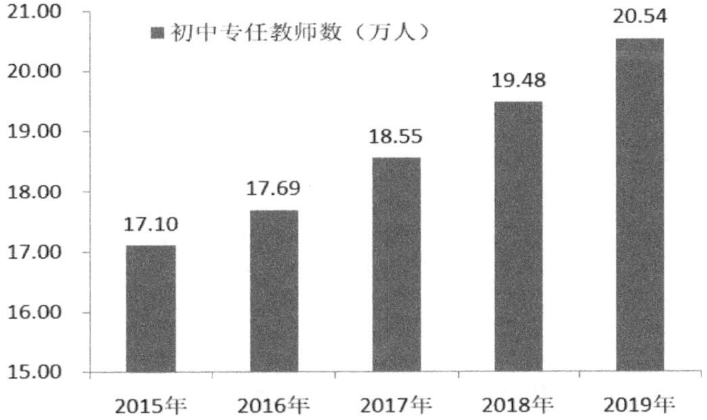

图 5-6　2015—2019 年河北省初中专任教师数量

（四）中等职业教育

中等职业教育是高中阶段教育的一部分，包括职业高中、普通中专、成人中专、技工学校、高级技工学校、技师学院，它为社会输出现代化技术人员，在整个教育体系中处于十分重要的位置。全日制中等职业学校学历教育一般主要招收初中毕业生或具有同等学力者和高中毕业生。2021年3月，教育部发布2020年全国教育事业统计结果显示，全国共有中等职业学校9865所，招生627.56万人，在校生1628.14万人，中等职业学校共有专任教师84.95万人。

1.规模和结构

2019 年，河北省共有 785 所中职学校（其中教育部门管理 604 所、人社部门管理 181 所）。其中，政府办学 440 所（教育部门管理 383 所，人社部门管理 57 所），占比约为 56.05%；行业办学 89 所（其中教育部门管理 47 所，人社部门管理 42 所），占比约为 11.34%；企业办学 55 所（其中教育部门管理 13 所，人社部门管理 42 所），占比约为 7%；民营资本办学 201 所（其中教育部门管理 161 所，人社部门管理 40 所），占比约为 25.61%。教育部门管理 604 所学校中，中等专业学校 244 所，成人中专学校 165 所，职业高中学校 195 所，具体情况如表 5-1 所示。

表 5-1　河北省中等职业教育学生数量基本情况表（分地区）

单位名称	招生数		在校生数		毕业生数	
	2018 年	2019 年	2018 年	2019 年	2018 年	2019 年
石家庄市	73648	82575	193953	214642	50696	60150
唐山市	19976	21236	59879	60281	17298	18653
秦皇岛市	8235	8700	27037	26199	8790	9083
邯郸市	29771	37416	86323	92180	21176	27022
邢台市	17669	25012	52054	60174	14552	16893
保定市	23023	31980	66109	75912	18776	20462
张家口市	15521	15836	43577	43801	13015	14213
承德市	13156	12529	36664	36894	11986	11118
沧州市	48425	50159	80078	83059	49643	41813
廊坊市	9410	10694	28821	28866	9591	10187
衡水市	10502	13100	31951	33828	10478	10422

（续表）

单位名称	招生数		在校生数		毕业生数	
	2018 年	2019 年	2018 年	2019 年	2018 年	2019 年
辛集市	1219	1596	3459	3940	884	932
定州市	3274	3099	9863	9568	3193	3341
雄安新区	1938	1715	4514	5285	454	699
合计	275767	315647	724282	774629	230532	244988

近几年全省中等职业学校招生数量不断增长，在校生规模进一步扩大。表 5-1 显示，2019 年全省招生约 31.56 万人，在校生约 77.46 万人，毕业生数约 24.50 万人，比 2018 年分别提高 14.46%、6.95%、6.27%。在校生规模最大的地区为石家庄市，约 21.46 万人，在全省占比为 25.7%。

2.中等职业教育师资力量

2019 年，全省中职学校专任教师总数为 4.85 万人，在校生 77.46 万人，生师比为 15.97∶1，比 2018 年的 15.54∶1 略高。河北省各地市之间生师比存在显著差异，其中最高的为石家庄市 23.4∶1，最低的为保定市 10.6∶1。

河北省中等职业教育专任教师数量近年来逐年增加，从 2015 年的 4.39 万人逐步增加到 2019 年的 4.85 万人，增加 0.46 万人，增幅达 10.48%（见图 5-7）。

近几年，河北省公办中职学校教师的学历层次呈现逐年上升趋势。根据调研数据可知，2019年公办中职学校专任教师硕士学位以上教师占比达到7.05%，比2018年6.70%略有提高；本科学历教师占比达到89.69%，比2018年89.20%略有提高。2019年，河北省公办中等职业学校教师队伍的职称结构进一步优化。调研数据显示，学校正高级教师占专任教师总数比例为0.94%，2018年为0.84%；2019年副高级职称占比为30.07%，2018年为31.35%；2019年中级职称占比为46.42%，2018年为46.05%。

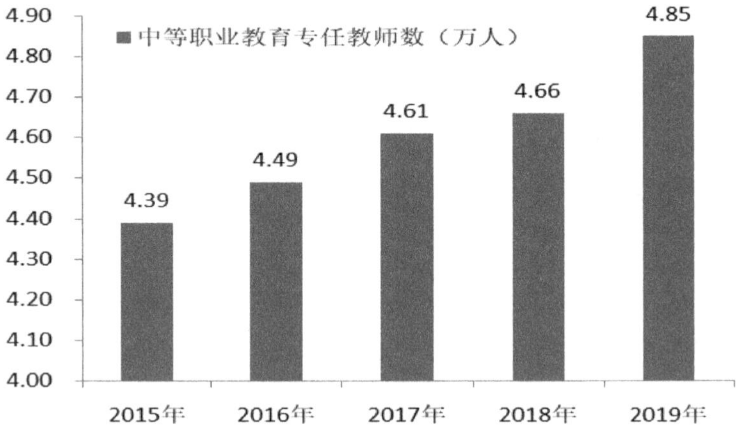

图 5-7　2015—2019 年河北省中等职业教育专任教师数量

（五）普通高中教育

1.普通高中学校数量

2015—2019 年，河北省普通高中学校数量呈不断上涨趋势，从 2015 年的 578 所，增长到 2019 年的 679 所，增长了 101 所，增幅为 17.47%，具体情况如图 5-8 所示。

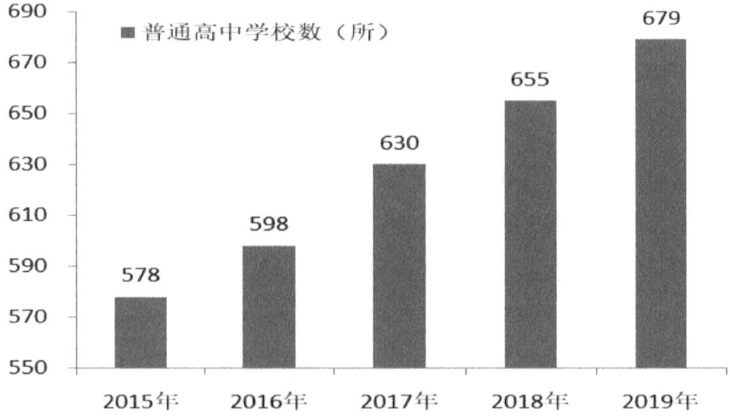

图 5-8　2015—2019 年河北省普通高中学校数量

2.普通高中学校师资力量

河北省普通高中专任教师数量近年来逐年增加，从 2015 年的 10.68 万人逐步增加到 2019 年的 14.23 万人，增加 3.55 万人，增幅达 33.24%，具体情况如图 5-9 所示。

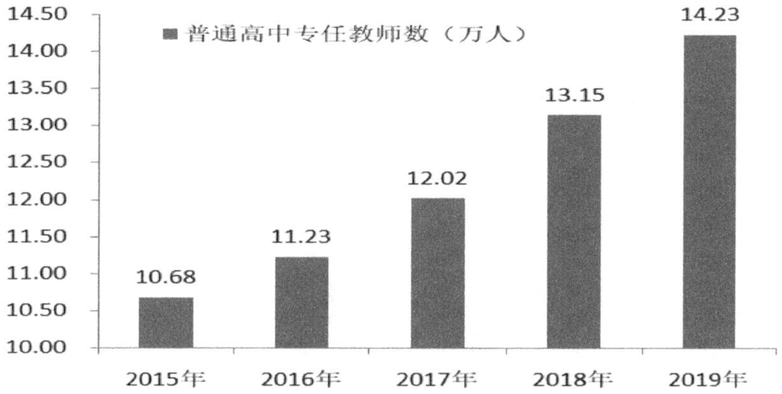

图 5-9　2015—2019 年河北省普通高中专任教师数量

三、河北省教育经费投入情况

教育经费投入是教育得以实施的基础保障，包括财政预算内教育经费，各级政府征收的用于教育的税费、教育事业性收入、社会捐赠、集资办学经费等，其中财政预算内教育经费是基础。2020年，全国教育经费总投入为53014亿元，比上年增长5.65%。其中，国家财政性教育经费为42891亿元，比上年增长7.10%。2020年，全国学前教育、义务教育、高中阶段教育、高等教育经费总投入分别为4203亿元、24295亿元、8428亿元、13999亿元，比上年分别增长2.39%、6.55%、9.14%、3.99%。

2019年，河北省地方教育经费总投入为1992.12亿元，比上年的1738.96亿元增长14.56%。其中，财政性教育经费（主要包括一般公共预算安排的教育经费、政府性基金预算安排的教育经费、国有及国有控股企业办学中的企业拨款、校办产业和社会服务收入用于教育的经费等）为1640.35亿元，比上年的1442.82亿元增长13.69%。

2015—2019 年，河北省国家财政性教育经费呈逐年增长态势，从 2015

年的 1073.30 亿元逐步增加到 2019 年的 1640.35 亿元，增加 567.05 亿元，增幅达 52.83%（见图 5-10），说明国家加大了对河北省教育事业的资金投入力度。

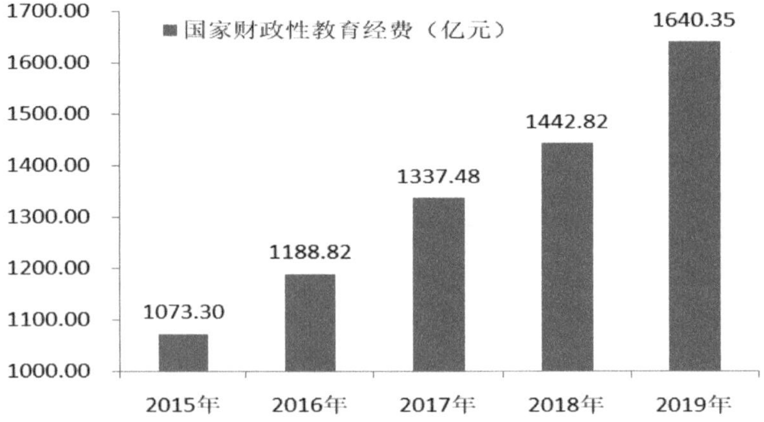

图 5-10　2015—2019 年河北省国家财政性教育经费投入情况

国家财政性教育经费投入在河北省 11 个城市中的分配存在很大的不同（见图 5-11），财政性教育经费投入最多的城市是石家庄市，为 225.39 亿元，投入最少的城市是秦皇岛市，为 62.17 亿元，相差 163.22 亿元。

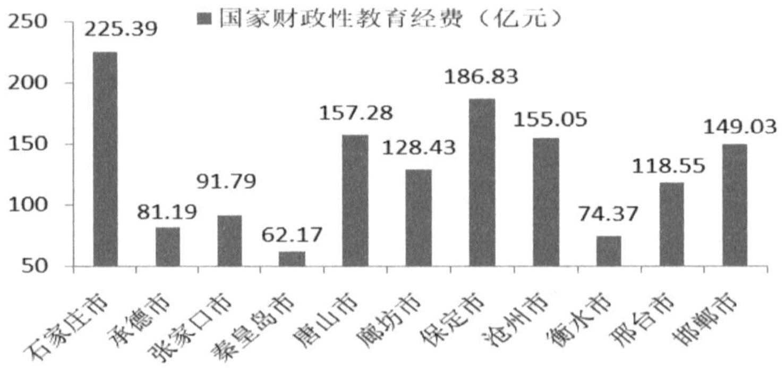

图 5-11　2019 年河北省 11 个城市国家财政性教育经费投入情况

为进一步分析国家财政性教育经费投入在河北省 11 个城市中的分配均衡性问题，有必要引入人均国家财政教育经费投入的指标，以消除各城市人口不同而带来的直接比较不科学的问题（见图 5-12）。从财政性教育经费人均投入来看，最多的城市是廊坊市，为 2610 元，投入最少的城市是邯郸市，为 1561 元，相差 1049 元，极差较大，同时各城市之间相差也比较悬殊，说明国家财政性教育经费在地区间分布不均衡。

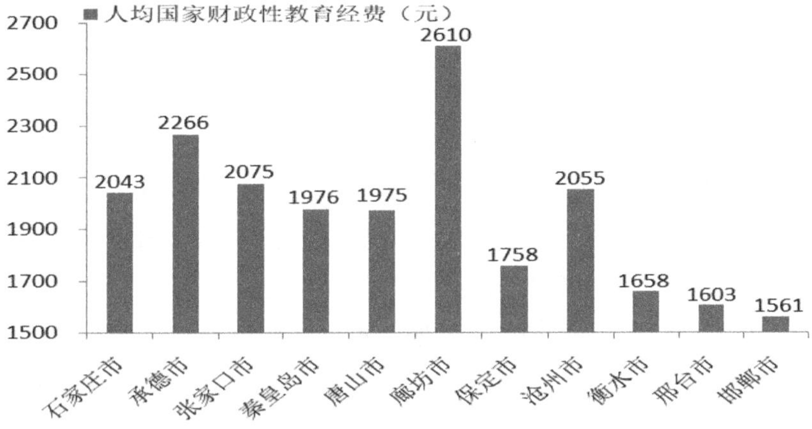

图 5-12　2019 年河北省 11 个城市人均国家财政性教育经费投入情况

第三节　基本公共教育服务均等化测量指标体系的构建

教育权是每个公民的基本权利，与个人的生存和发展息息相关。《义务教育法》规定：“凡具有中华人民共和国国籍的适龄儿童、少年，不分性别、民族、种族、家庭财产状况、宗教信仰等，依法享有平等接受义务教育的权利，并履行接受义务教育的义务。”这从法理层面保障了公民接受教育的权利。2021年3月7日，习近平总书记在参加全国政协医药卫生界教育界联组会时强调，要坚持教育公益性原则，着力构建优质均衡的基本公共教育服务体系。《中国教育现代化2035》提出基本公共教育服务均等化是教育现代化的基本要求。2021年及整个“十四五”期间，我国基本公共教育服务体系依然需要缩小教育差距，着重在区域、城乡、校际和群体四个因素上下足功夫。

对公共教育服务水平进行有效测度的关键就是要选择科学合理的指标

体系。基于此，结合《国家中长期教育改革和发展规划纲要（2010—2020年)》和《国家基本公共服务体系“十三五”规划》中涉及的教育内容，我们认为，基本公共教育服务均等化测量指标体系由“投入指标”“保障指标”“产出指标”和“效果指标”组成：投入指标反映基本公共教育服务供给过程中的资金投入力度；保障指标反映在资金投入基础上所建设的各阶段学校的数量；产出指标反映通过教育资源的资金投入和设施保障实现教育均等化目标的水平，即保障学生接受教育的机会与能力；效果指标反映通过接受基本公共教育服务所体现出的效果，即学生接受更高层次教育的水平和进一步发展的能力。通过“投入-保障-产出-效果”四维测量指标反映的是公共教育资源投入转化为产出并在不同客体间收益的程度。

本书结合以往学者的研究，按照“投入-保障-产出-效果”四个维度并根据数据的可获得性和代表性等因素，制定如下基本公共教育服务均等化水平评价指标体系，如表 5-2 所示。

表 5-2　基本公共教育服务均等化水平评价指标体系

总目标	一级指标	二级指标
公共教育服务均等化水平评价	投入	人均一般公共预算教育经费支出（元）
	保障	每万人普通小学学校数（所）
		每万人普通初中学校数（所）
		每万人普通高中学校数（所）
		每万人中等职业学校数（所）
	产出	普通小学生师比
		普通初中生师比
		普通高中生师比
		中等职业学校生师比
	效果	每万人普通高中学校毕业生数（人）
		每万人中等职业学校毕业生数（人）

资料来源：根据笔者调查研究整理

第一，投入指标。基本公共教育服务均等化投入指标由“人均一般公共预算教育经费支出（元）”构成。教育经费支出是公共财政支出的一个组成部分，是指中央和地方财政部门的财政预算中实际用于教育的费用支出。教育经费支出包括教育事业费支出（即各级各类的学校的人员经费和公用经费支出）和教育基本建设投资支出（建筑校舍和购置大型教学设备的费用）等。教育经费是以货币的形式支付的教育费用，是办学必不可少的财力条件。人均一般公共预算教育经费支出，反映每个公民所享有的教育经费保障力度，消除了不同城市之间的人口差异对于数据真实性的反映。

第二，保障指标。基本公共教育服务均等化保障指标由“每万人普通小学学校数（所）”“每万人普通初中学校数（所）”“每万人普通高中学校数（所）”以及“每万人中等职业学校数（所）”构成。每万人各阶段的学校数目四个指标反映了能够提供给公众的基本公共教育服务机构的数量，是公民享有基本公共教育服务的物质保障水平，也是公共教育服务得以发展和传承的重要载体。

第三，产出指标。基本公共教育服务均等化产出指标由“普通小学生师比”“普通初中生师比”“普通高中生师比”以及“中等职业学校生师比”构成。生师比是学校专任教师和在校学生数的比例，是用来衡量学校办学水平和人才利用率的重要指标。

第四，效果指标。基本公共教育服务均等化效果指标由“每万人普通高中学校毕业生数（人）”和“每万人中等职业学校毕业生数（人）”构成。每万人学校每年的毕业生人数既能体现学生获取高层次教育机会的水平，也是衡量学校教学效果的指标。

第四节　河北省各城市基本公共教育服务均等化水平测量

本节从“投入-保障-产出-效果”四个维度对河北省各城市基本公共教育服务均等化水平进行了测量，相关数据均来源于《河北统计年鉴 2020》。

一、各城市基本公共教育服务均等化投入指标分析

首先，总体来看，如图 5-13 和图 5-14 所示，河北省各城市基本公共教育服务投入水平虽存在差距，但仍相对均衡，各城市基本公共教育服务均等化投入指标得分与河北省平均水平呈现较明显的线性分布，主要集中在 80～120 分。

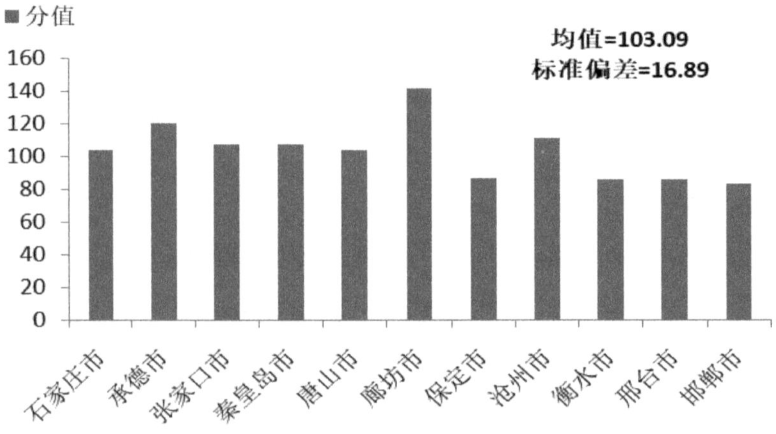

图 5-13　各城市基本公共教育服务均等化投入指标分值分布柱状图

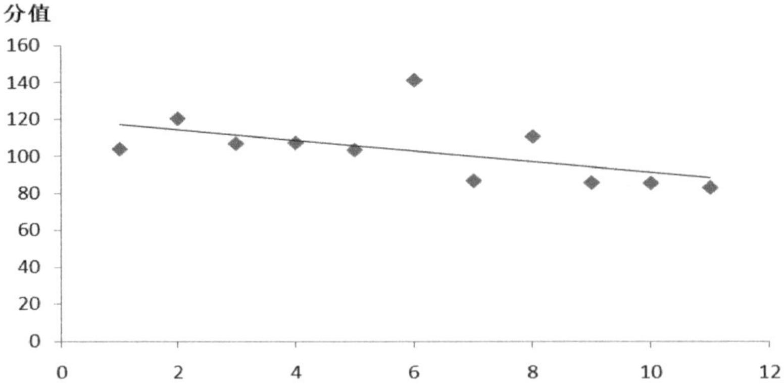

图 5-14　各城市基本公共教育服务均等化投入指标分值分布趋势图

河北省各城市2019年人均一般公共预算教育经费支出情况如表5-3所

示，其中，超过全省平均水平的城市有7个，分别为廊坊市、承德市、沧州市、秦皇岛市、张家口市、石家庄市和唐山市，占总数的63.64%。其中，廊坊市的人均一般公共预算教育经费支出相对较高，得分为141.30分。保定市、衡水市、邢台市和邯郸市基本公共教育服务投入总得分均低于全省平均水平。得分最低的邯郸市得分为82.94分，与得分最高的廊坊市141.30分之间的分值相差58.36分，反映出河北省基本公共教育服务投入也存在不均衡现象。

表 5-3　各城市基本公共教育服务均等化投入指标分值统计表

地区	人均一般公共预算教育经费支出（元）	分值	排名
全省	1763.27	100.00	
石家庄市	1829.84	103.78	6
承德市	2121.97	120.34	2
张家口市	1883.14	106.80	5
秦皇岛市	1891.34	107.26	4
唐山市	1822.01	103.33	7
廊坊市	2491.58	141.30	1
保定市	1528.18	86.67	8
沧州市	1949.66	110.57	3
衡水市	1509.98	85.64	9
邢台市	1505.94	85.41	10
邯郸市	1462.53	82.94	11

二、各城市基本公共教育服务均等化保障指标分析

首先，总体来看，由图 5-15 和图 5-16 可知，河北省各城市基本公共教育服务保障水平虽存在差距，但仍相对平均，各城市基本公共教育服务均等化保障指标得分与河北省平均水平呈现较明显的线性分布，主要集中在 360～420 分。其中，超过全省平均水平的城市有 4 个，分别为秦皇岛市、石家庄市、衡水市和邯郸市，约占总数的 36.36%。其中，秦皇岛市和石家庄市在公共教育服务保障方面成效显著，分别为 460.38 分和 455.28 分。在得分低于全省平均水平的 7 个城市中，承德市得分最低为 327.69 分，和最高分的秦皇岛市相差 132.69 分，说明在公共教育服务保障方面，个别城市

之间仍旧存在较大差距，在均等化建设方面还需要加强。

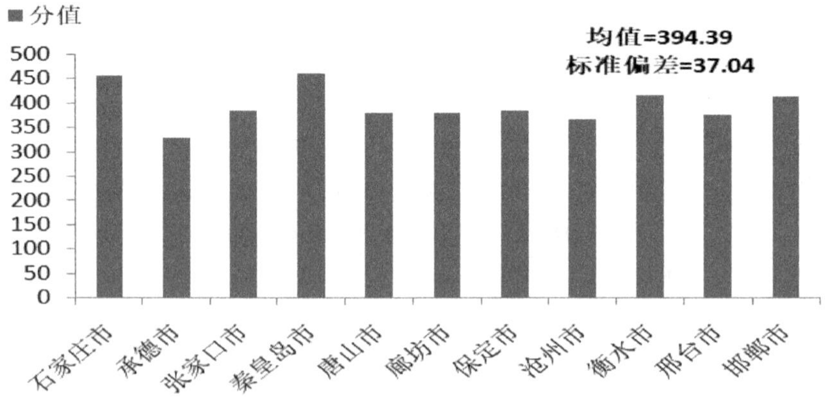

图 5-15　各城市基本公共教育服务均等化保障指标分值分布柱状图

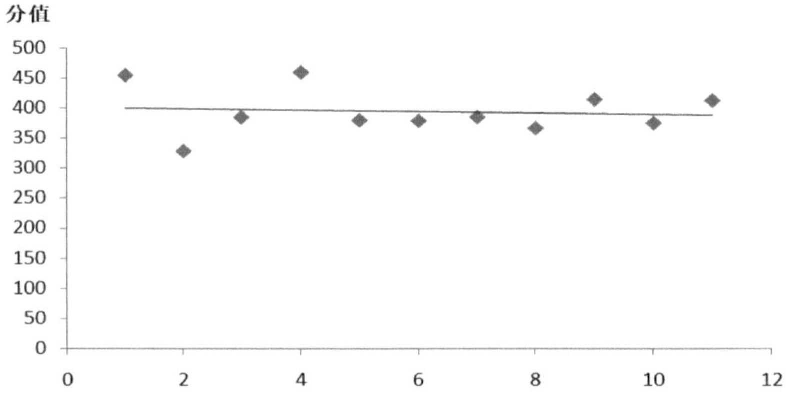

图 5-16　各城市基本公共教育服务均等化保障指标分值分布趋势图

其次，从各二级指标来看（见表5-4），在每万人普通小学学校数量方面，全省只有4个城市高于平均水平，分别是邯郸市、保定市、沧州市和廊坊市，得分低于全省平均水平的7个城市中，张家口市的得分最低为73.68分，可以看出在普通小学学校建设方面，各城市均等化程度相对较好。在每万人普通初中学校数量方面，全省共有6个城市高于或等于全省平均水平，分别是秦皇岛市、邯郸市、沧州市、保定市、唐山市和廊坊市，其中秦皇岛市的分值最高，为125.00分，与其他城市相比优势并不显著。得分低于全省平均水平的5个城市中，张家口市的得分最低为84.38分，与平均分差别不明显，可以看出在普通初中学校建设方面，各城市均等化程度相对较好，并且均达到80分以上。在每万人普通高中学校数量方面，全省共有4个城市高于全省平均水平，分别是衡水市、秦皇岛市、石家庄市和唐山市，其中衡水市的分值最高为144.44分。低于全省平均水平的7个城市中，承德市的分值最低，为66.67分，与最高分相差较大，说明在普通高中建设方面，个别城市之间存在较大差异。在每万人中等职业学校数量方面，全省共有5个城市高于或等于全省平均水平，分别是石家庄市、张家口市、秦皇岛市、衡水市和邢台市，其中石家庄市的分值最高为162.50分，明显高于其他城市，反映出作为省会城市的石家庄在中等职业教育方面表现较好。在低于全省平均水平的6个城市中，沧州市的得分最低，仅为62.50分，与最高分相差2.6倍，可以看出在中等职业教育学校建设方面，个别城市之间存在较大差异，得分较低的城市后续需要不断加强该方面的建设。

此外，通过二级指标的分析还能看出，各个城市在不同的指标下表现差别显著，比如张家口市在小学和初中学校建设方面位居河北省最后，但中等职业教育方面却位列河北省第二，说明在基础教育各学校建设方面，城市内部存在着极大的不同。再如邯郸市和沧州市在小学学校及初中学校建设方面表现均较好，但是在高中学校及中等职业学校建设方面却位于河北省倒数。这些城市后续应该平衡各阶段学校建设的投入比例，做到均衡发展。

表 5-4　各城市基本公共教育服务均等化保障指标分值统计表

地区	每万人普通小学学校数（所）	分值	排名	每万人普通初中学校数（所）	分值	排名	每万人普通高中学校数（所）	分值	排名	每万人中等职业学校数（所）	分值	排名	保障指标分值	排名
全省	1.52	100		0.32	100		0.09	100		0.08	100		400	
石家庄市	1.31	86.18	8	0.27	84.38	10	0.11	122.22	3	0.13	162.50	1	455.28	2
承德市	1.26	82.89	10	0.29	90.63	8	0.06	66.67	11	0.07	87.50	7	327.69	11

（续表）

地区	每万人普通小学学校数（所）	分值	排名	每万人普通初中学校数（所）	分值	排名	每万人普通高中学校数（所）	分值	排名	每万人中等职业学校数（所）	分值	排名	保障指标分值	排名
张家口市	1.12	73.68	11	0.27	84.38	11	0.08	88.89	5	0.11	137.50	2	384.45	6
秦皇岛市	1.34	88.16	7	0.40	125.00	1	0.11	122.22	2	0.10	125.00	3	460.38	1
唐山市	1.42	93.42	5	0.32	100.00	5	0.10	111.11	4	0.06	75.00	10	379.53	7
廊坊市	1.55	101.97	4	0.32	100.00	6	0.08	88.89	6	0.07	87.50	6	378.36	8
保定市	1.79	117.76	2	0.33	103.13	4	0.08	88.89	7	0.06	75.00	9	384.78	5
沧州市	1.77	116.45	3	0.35	109.38	3	0.07	77.78	10	0.05	62.50	11	366.11	10
衡水市	1.30	85.53	9	0.27	84.38	9	0.13	144.44	1	0.08	100.00	4	414.35	3
邢台市	1.40	92.11	6	0.30	93.75	7	0.08	88.89	8	0.08	100.00	5	374.75	9
邯郸市	1.88	123.68	1	0.36	112.50	2	0.08	88.89	9	0.07	87.50	8	412.57	4

三、各城市基本公共教育服务均等化产出指标分析

首先，总体来看，由图5-17和图5-18可知，河北省各城市基本公共教育服务产出水平虽存在一些差异，但各城市基本公共教育服务均等化产出指标得分与河北省平均水平呈现大致的线性分布，大部分集中在350～400分。其中，超过全省平均水平的城市仅有1个，为沧州市，得分为447. 25分，反映河北省在各阶段教育中师资队伍建设方面除沧州市外，整体表现欠佳。其他10个城市的得分均低于河北省平均水平，其中秦皇岛市的得分最低为313. 06分，与最高分的沧州市相差134. 19分，说明在公共教育服务产出方面，个别城市之间存在较大差距，生师比较低的城市后续应着力加大教育师资的投入力度，更好地保障学生接受教育的机会与水平。

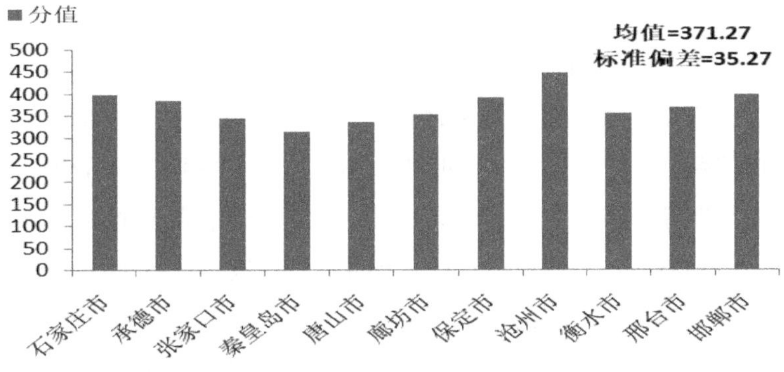

图 5-17　各城市基本公共教育服务均等化产出指标分值分布柱状图

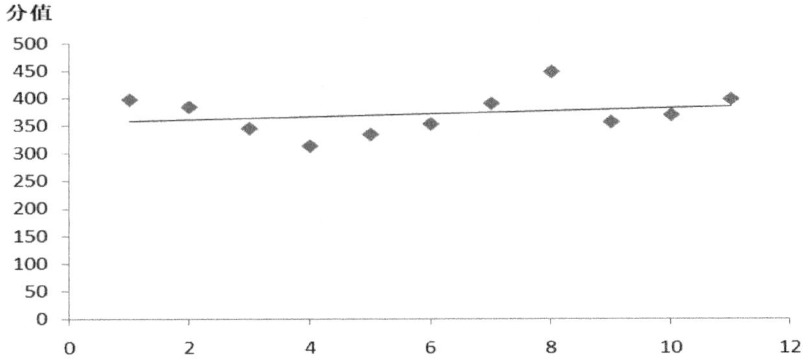

图 5-18　各城市基本公共教育服务均等化产出指标分值分布趋势图

其次，从各二级指标来看（见表5-5），在普通小学生师比方面，全省有6个城市高于或等于全省的平均水平，分别是沧州市、石家庄市、廊坊市、邯郸市、保定市和邢台市。低于全省平均水平的城市是衡水市、唐山市、张家口市、承德市以及秦皇岛市。可以看到，得分最高的沧州市为110. 60分，得分最低的秦皇岛市为77. 29分，相差并不显著，反映在普通小学生师比方面，河北省均等化程度相对较好。在普通初中生师比方面，全省共有5个城市高于全省平均水平，分别是沧州市、衡水市、保定市、承德市和邯郸市，其他6个城市的得分均低于全省平均水平。可以看到，得分最高的沧州市为111. 56分，得分最低的城市为秦皇岛市，为77. 87分，相差并不显著，反映在普通初中生师比方面，河北省均等化程度也相对较好。在普通高中生师比方面，全省共有5个城市高于全省平均水平，分别是承德市、保定市、邯郸市、沧州市和秦皇岛市，其中承德市的分值最高为123.21分。其他6个城市得分均低于全省平均水平，得分最低的为石家庄市，为84.53分，与最高分的承德市差距并不十分显著，说明在该指标方面，河北省均等化情况相对较好。在中等职业学校生师比方面，全省仅有2个城市高于全省平均水平，分别是沧州市和石家庄市，其余9个城市的得分均低于全省平均水平，并且分值都较低，与沧州市和石家庄市相比相差较大，反映在该指标下河北省均等化程度较差。其中廊坊市和秦皇岛市两个城市得分低于60分，反映在中等职业学校师资队伍建设方面还有较大的提升空间。

表 5-5　各城市基本公共教育服务均等化产出指标分值统计表

地区	普通小学生师比	分值	排名	普通初中生师比	分值	排名	普通高中生师比	分值	排名	中等职业学校生师比	分值	排名	产出指标分值	排名
全省	17.17	100		14.10	100		8.53	100		16.24	100		400	
石家庄市	18.58	108.21	2	13.80	97.87	8	7.21	84.53	11	17.26	106.28	2	396.89	3
承德市	14.07	81.95	10	14.71	104.33	4	10.51	123.21	1	12.02	74.01	4	383.50	5
张家口市	14.25	82.99	9	13.73	97.38	9	8.44	98.94	6	10.64	65.52	7	344.83	9
秦皇岛市	13.27	77.29	11	10.98	77.87	11	8.82	103.40	5	8.85	54.50	11	313.06	11
唐山市	15.88	92.49	8	12.14	86.10	10	7.44	87.22	10	11.05	68.04	6	333.85	10
廊坊市	18.11	105.47	3	14.04	99.57	6	7.52	88.16	9	9.65	59.42	10	352.62	8
保定市	17.60	102.50	5	14.77	104.75	3	10.22	119.81	2	10.16	62.56	9	389.62	4
沧州市	18.99	110.60	1	15.73	111.56	1	9.31	109.14	4	18.83	115.95	1	447.25	1
衡水市	16.29	94.87	7	15.19	107.73	2	7.70	90.27	8	10.25	63.12	8	355.99	7
邢台市	17.17	100.00	6	14.00	99.29	7	8.38	98.24	7	11.57	71.24	5	368.77	6
邯郸市	17.96	104.60	4	14.38	101.99	5	9.79	114.77	3	12.38	76.23	3	397.59	2

四、各城市基本公共教育服务均等化效果指标分析

首先，总体来看，由图5-19和图5-20可知，河北省各城市基本公共教育服务效果水平存在较大差异，反映出河北省在基本公共教育服务效果方面发展不均衡。其中，超过全省平均水平的城市有3个，分别为石家庄市、沧州

市和衡水市，约占总数的27.27%。其中，石家庄市和沧州市在公共教育服务效果方面成效显著，得分分别为266.19分和257.99分。在得分低于全省平均水平的城市中，廊坊市表现最不理想，得分为146. 28分，与最高分相差119. 91分，说明在公共教育服务效果方面，河北省各城市之间存在较大差异。

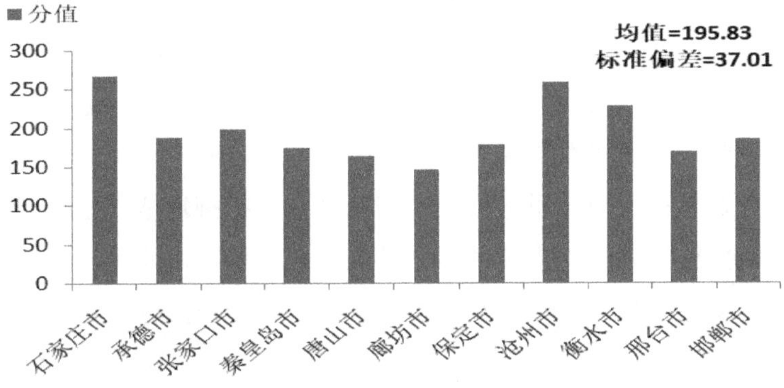

图 5-19　各城市基本公共文化服务均等化效果指标分值分布柱状图

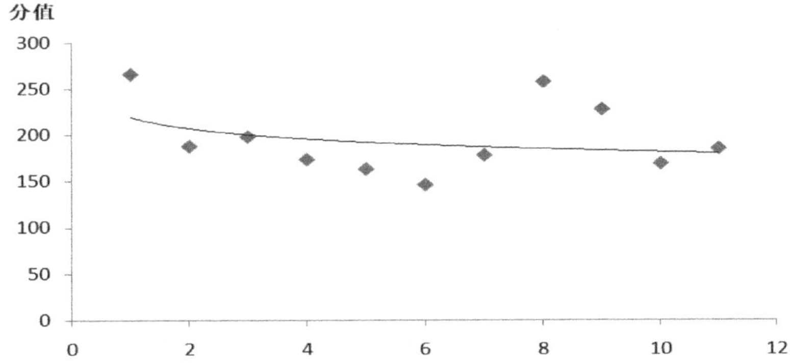

图 5-20　各城市基本公共文化服务均等化效果指标分值分布趋势图

其次，从各二级指标来看（见表5-6），在每万人普通高中学校毕业生数量方面，全省仅有2个城市高于全省平均水平，分别是衡水市和保定市，其中衡水市表现最好，得分为157.02分。其他9个城市均低于全省平均水平，但得分最低的廊坊市得分为83.00分，与河北省平均水平相差不大，除衡水市在该指标下表现显著外，其他城市与平均水平相差不大，说明在普通高中毕业生情况方面，河北省表现较均衡。在每万人中等职业学校毕业生数量方面，全省仅有2个城市高于全省平均水平，分别是沧州市和石家庄市，得分分别为169. 43和169. 28分，远远高于其他城市。其他9个城市的得分均低于全省平均水平，虽然得分均高于60分，但唐山市、衡水市、邢台市、保定市和廊坊市的得分与最高分的沧州市相比差100分左右，反映出在中等职业学校毕业生情况方面，各城市表现不均衡，应该引起足够的重视。特别值得注意的是廊坊市，不论普通高中学生毕业情况还是中等职业学校毕业情况均位列河北省倒数，而在基本公共教育服务投入方面，廊坊市表现最好，位列河北省第一，这种情况应该引起有关部门的注意，挖掘造成产出低下的原因，并采取积极措施提高廊坊市的基本公共教育服务的产出水平。

表 5-6　各城市基本公共教育服务均等化效果指标分值统计表

地区	每万人普通高中学校毕业生数（人）	分值	排名	每万人中等职业学校毕业生数（人）	分值	排名	效果指标分值	排名
全省	56.65	100		32.71	100		200	
石家庄市	54.90	96.91	6	55.37	169.28	2	266.19	1
承德市	52.82	93.24	7	31.03	94.86	4	188.10	5
张家口市	56.62	99.95	3	32.13	98.23	3	198.18	4
秦皇岛市	48.33	85.31	10	28.87	88.26	5	173.57	8
唐山市	51.97	91.74	8	23.42	71.60	7	163.34	10
廊坊市	47.02	83.00	11	20.70	63.28	11	146.28	11
保定市	62.17	109.74	2	22.39	68.45	10	178.19	7
沧州市	50.17	88.56	9	55.42	169.43	1	257.99	2
衡水市	88.95	157.02	1	23.23	71.02	8	228.04	3
邢台市	56.22	99.24	4	22.84	69.83	9	169.07	9
邯郸市	55.90	98.68	5	28.30	86.52	6	185.20	6

五、各城市基本公共教育服务均等化总体指标分析

通过以上“投入-产出-保障-效果”四个部分的分析，如图5-21和图5-22所示，我们能够直观地了解河北省各城市基本公共教育服务在各个方面的发

展现状和均等化水平。将四个部分的情况汇总到表5-7，可以更清晰地看到在基本公共教育服务发展方面河北省的基本情况。可以看到，河北省各城市基本公共教育服务均等化总分大部分集中在1000～1100分，分值相对集中，各城市基本公共教育服务均等化总体指标得分与河北省平均水平呈现较明显的线性分布，反映河北省基本公共教育服务方面发展相对均衡。只有2个城市的总分超过河北省平均水平，分别是石家庄市和沧州市。低于全省平均水平的城市共有9个，最低分唐山市为980. 05分，与平均分相差不显著。

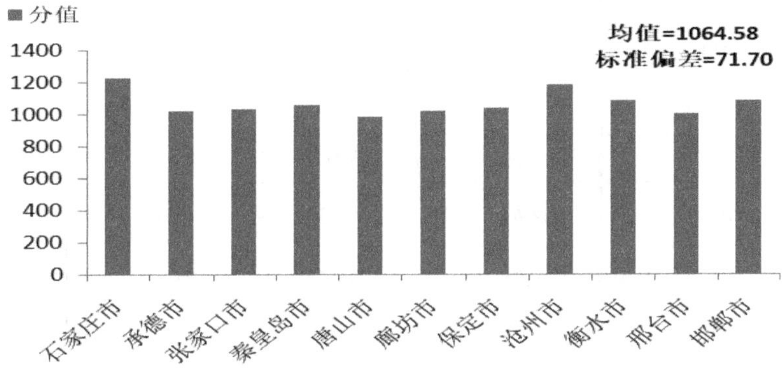

图 5-21　各城市基本公共教育服务均等化总得分分布柱状图

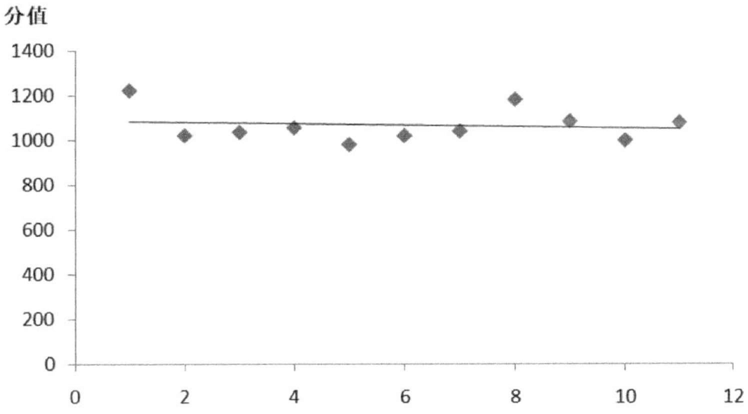

图 5-22　各城市基本公共教育服务均等化总得分分布趋势图

通过四个指标的排名，可以了解河北省各城市在基本公共教育方面面临的主要问题。唐山市总体排名位列倒数，从四个指标来看主要是产出和效果指标不够理想，投入和保障分值相对较好，说明后续应该在生师比和毕业生方面加大力度。石家庄市作为河北省的省会，在基本公共教育服务方面总分虽然位列河北省榜首，但其投入指标相对一般，位于河北省第六位，说明在后续发展过程中，石家庄市要加大基本公共教育资金的投入力度，为提升河北省基本公共教育服务做好表率作用。

表 5-7　各城市基本公共教育服务均等化总体指标统计表

地区	投入指标分值	排名	保障指标分值	排名	产出指标分值	排名	效果指标分值	排名	总分	排名
全省	100		400		400		200		1100	
石家庄市	103.78	6	455.28	2	396.89	3	266.19	1	1222.14	1
承德市	120.34	2	327.69	11	383.50	5	188.10	5	1019.63	8
张家口市	106.80	5	384.45	6	344.83	9	198.18	4	1034.26	7
秦皇岛市	107.26	4	460.38	1	313.06	11	173.57	8	1054.27	5
唐山市	103.33	7	379.53	7	333.85	10	163.34	10	980.05	11
廊坊市	141.30	1	378.36	8	352.62	8	146.28	11	1018.56	9
保定市	86.67	8	384.78	5	389.62	4	178.19	7	1039.26	6
沧州市	110.57	3	366.11	10	447.25	1	257.99	2	1181.92	2
衡水市	85.64	9	414.35	3	355.99	7	228.04	3	1084.02	3
邢台市	85.41	10	374.75	9	368.77	6	169.07	9	998.00	10
邯郸市	82.94	11	412.57	4	397.59	2	185.20	6	1078.30	4

第六章　河北省基本医疗卫生服务均等化现状

医疗卫生也称为医疗卫生事业或医疗卫生服务，包括国家与社会为保障和提高人民的健康水平、诊治疾病而建立的法制体系、组织体系、服务体系和服务过程等。医疗卫生是公共卫生和医疗服务的统称，涉及社会公共卫生服务、医疗服务、健康促进服务以及与这些服务相关的保障体系、组织管理和监督体系等。医疗卫生事业的基本框架由“四大体系”构建：公共卫生服务体系、医疗服务体系、医疗保障体系、药品供应保障体系。四大体系相辅相成，配套建设，协调发展。

基本医疗卫生服务，是指维护人体健康所必需、与经济社会发展水平相适应、公民可公平获得的，采用适宜药物、适宜技术、适宜设备提供的疾病预防、诊断、治疗、护理和康复等服务。基本医疗卫生服务包括基本公共卫生服务和基本医疗服务。

第一节　我国基本医疗卫生服务的发展历程

近 40 年来，随着我国医疗卫生服务体系水平的不断提高，医疗技术水平也得到了巨大进步。新中国成立前，国民的平均期望寿命低至 35 岁，现在已提高至 70 岁，人均预期寿命增长一倍。我国的医疗条件已经发生了巨大变化，医疗服务的质量得到了极大提升，医疗服务体系也在不断完善，医疗机构也从最开始缺医少药看病难的状况，逐步过渡为拥有精湛的医疗技术、高尖端的医护人员以及优美环境的现代化医院，极大地改善了公民的就医环境。

我们将医疗卫生服务的发展分成五个阶段进行分别论述，以厘清1978年改革开放以来我国医疗卫生服务体系的发展脉络：第一阶段，从1978年改革开放以来到1992年党的十四大召开之前，我国医疗卫生服务体系开始出现萌芽，国家颁发了一些相关政策对医疗服务进行了相应调整。第二阶段，1992年到2003年社会主义市场经济体制确立，医疗机构和医疗服务实行了部分的市场化运作，医疗卫生服务体系进入第二阶段，开始向“医疗市场化”进发。第三阶段，2003年至2009年这一时期，我国医疗卫生服务体系已经开始逐步形成，在这一阶段，无论是社区卫生站还是各地区的民营医院都为居民创造了良好的医疗条件，我国的医疗卫生服务水平得到了大大的提升。第四阶段，在2009年提出新医改之后，我国医疗卫生服务体系逐步走向成熟化、系统化，直至2019年提出健康中国发展策略，我国医疗卫生服务体系又迈上了一个新台阶。第五阶段，自2019年提出健康中国理念，我国一直在积极践行这一理念，在经历过新冠肺炎疫情这一突发公共卫生事件之后，我国的医疗卫生服务体系更是迈上了一个新台阶，目前正处于高质量发展阶段。

一、我国医疗卫生服务体系萌芽期（1978—1992 年）

新中国成立以来，全国各个领域都处于发展阶段，医疗卫生服务也处于落后状态，中国人口对医疗卫生服务的需求与医院卫生服务资源的供给短缺之间产生了巨大矛盾。新中国成立初期为了解决这一矛盾，通常采用计划分配的方式，但是这一方式并不能解决看病难、治病难、突发疾病等一系列难题。20 世纪 70 年代末期，国家建立了一大批制药厂，解决了新中国时期药物供应不足的问题，不仅使制药业得到了发展，各项医疗设备的问题也随之得到逐步解决。到了 80 年代，跟随着改革开放的浪潮，医疗卫生服务领域迎来了新机遇，我国各专业领域开始迅猛发展，各方面实力也得到了迅速提升，医疗资源水平与各项医疗卫生服务也得到了很大改善，各项硬件设施也在不断完善。我国在 20 世纪 80 年代首次使用一次性针头，改变了往日针头反复消毒使用的状况。并且为了使医疗卫生服务更加系统化，增加了对六七十年代所推行的“赤脚医生”的考核项目，通过考核项目的“赤脚医生”可以取得从医资格继续行医，被认定为乡村医生，而“赤脚医生”则从此退出了医疗卫生的历史发展舞台。

1978年，党召开了十一届三中全会，将改革开放作为一项基本国策确定下来，医疗改革也初见端倪，卫生部门的负责人钱信忠提出了一个大胆前卫的想法，即“运用经济手段管理卫生事业”。政府开始减少经济投入，使医院打破固有的公立医院形象，逐步开始进行独立经营。不久，卫生部第三部联合发出了《关于加强医院经济管理试点工作的通知》，同时还开展了对医院的“五定一奖”，即定任务、定床位、定编制、定业务技术指标、定经济补助、完成任务奖励等工作。从1980年开始，国务院批转卫生部《关于允许个体医生开业行医问题的请示报告》，打破了国有公立医院在医疗卫生领域一统天下的局面。

1981年，卫生部下发了《关于加强卫生机构经济管理的意见》，将已实施近30年的“全额管理、差额补劣”的医院财务管理办法改为“全额管理、定额补劣、结余留用”的新办法。在同期其他商品逐步市场化的背景下，国家对医疗服务价格实行了严格控制。由于1979年医院出现了重大亏损，亏损5.8亿元，1983年，医疗系统开始实施“两种收费标准”的政策，但是未能扭转医院的亏损现状，到1984年全国医院亏损高达9.5亿元，亏损现象越来越严重。到1985年，国家允许医疗机构对某些高新技术实行按成本定价，之后便对相应的医疗服务收费标准进行了一定调整，进而医院的亏损状况得到了很大改善。1989年，国务院批转卫生部《关于扩大医疗卫生服务有关问题的意见》，医改问题还在争议中继续摸索前行。

二、我国医疗卫生服务体系初始期（1992—2003 年）

1992—2003年，社会主义市场经济体制确立，医疗机构和医疗服务实行了部分的市场化运作，医疗卫生服务体系进入第二阶段，开始向“医疗市场化”进发。1992年，党的十四大开始明确提出建立社会主义市场经济，为医疗卫生市场提供了一定的政策支持。同年，中共中央、国务院发布了《关于加快第三产业的决定》，明确指出了卫生事业是第三产业的核心之一，需要重点关注。1992年9月，国务院又下发了《关于深化卫生改革的几点意见》，并且在会议上提出医院要注重“以工助医，以副补主”，这项卫生政策鼓励医院自力更生开辟资金渠道，刺激了医院创收，弥补了收入不足，增强了医院的自我维持能力。在会议之后，医疗系统中出现了特殊护理、特殊病房等一系列新鲜事物。随着医疗卫生服务体系的逐步改善，卫生系统内部开始出现两种不同的声音，医院是应该围绕政府主导还是应该围绕市场主导，产生了两种不同思想的碰撞。随着1993年5月全国医政工作会议的开展，关于这两种不同观点的争论发生了集中爆发，两派围绕这一话题展开了激烈争论。

1997年，党中央、国务院召开了全国卫生工作会议，公开发布了《中共中央、国务院关于卫生改革与发展的决定》，再次强调了卫生事业的重要性，明确了“卫生事业是政府实行一定福利政策的社会公益事业”的指导方针，并且这一时期医疗机构的发展速度很快，各项医疗技术、设备以及一些基础建设等都有了明显且彻底的改善，但是医疗费用也随着各项硬件设施的完善不断升高，同时也产生了一些资金分配不公平以及基本医疗服务分配不均等的问题。2001年，我国印发《关于完善城镇医疗机构补偿机制落实补偿政策的若干意见》，提出坚持和完善医院药品收支两条线管理办法，逐步降低药品收入占业务收入的比重，积极稳妥推进医院门诊药房改为药品零售企业的试点工作等一系列弱化药品收益对医院的补偿作用的措施。2002年，我国决定建立新型农村合作医疗制度，该制度的特色是政府补贴加上农民自愿参与，目标是在2010年实现基本覆盖农村居民。在这一阶段，我国医疗卫生服务体系的趋势走向大体成形，人均寿命也得到了提升，由人均67.9岁提升至

68.6岁，医疗保障体系得到了明显的提升。在2002年年底，党的十六大提出了全面建成小康社会的宏伟目标，提出要依据新形势要求，建立适应这些新要求的卫生服务体系与医疗保健体系，着力改善农村的医疗卫生状况，并且提高城乡居民的医疗保障水平。

三、我国医疗卫生服务体系形成期（2003—2009 年）

2003—2009 年这一时期，我国医疗卫生服务体系已经开始逐步形成，在这一阶段，无论是社区卫生站还是各地区的民营医院都为居民创造了良好的医疗条件，我国的医疗卫生服务水平得到了大大的提升。从 2003 年开始，各项医疗保险覆盖面得到扩大，改革卫生筹资渠道得到拓展，医疗机构的公益性也在增强，并且引导医疗资源向农村进行合理分配。

2003年我国遭遇“非典”这一传染性疾病，在疫情的困扰之下，我国开始反思公共卫生体系上的一些漏洞，国家开始更加重视公共卫生建设，并且在疫情中获得了一定经验，加大了对重大疾病的防治，并且强化了卫生执法监督。2004年，温家宝在政府工作报告中明确了发展卫生事业的重点，一是要加强公共卫生体系的建设，二是将卫生工作重点放在了农村，三是要积极推进城镇医疗卫生体制的改革，并且继续对城镇职工医疗保险制度进行改革以及加强对医院内部运行体制的建设。

2005年5月，我国开始提出“市场化非医改方向”。国务院发展研究中心和世界卫生组织“中国医疗卫生体制改革”合作课题组的研究报告提出，“中国医疗体制改革基本成功”。2006年6月，国务院决定启动深化医药卫生体制改革研究，《关于深化医疗卫生体制改革的意见（征求意见稿）》已经公开向社会征求意见，改革方案紧紧围绕建立基本医疗卫生制度，实现人人享有基本医疗卫生服务的宏伟战略目标，坚持公平效率统一、强调以政府为主，并且突出公益性质。2008年，新一轮的医改方案在广泛征求公众意见的基础上，着力抓好五方面重点工作：一是加快推进基本医疗保障制度建设；二是初步建立国家基本药物制度；三是健全基层医疗卫生服务体系；四是促进基本公共卫生服务逐步实现均等化；五是推进公立医院的试点改革。我国的医疗卫生服务体系逐步得到了完善。

四、我国医疗卫生服务体系成熟期（2009—2019 年）

2009 年，上亿国民关注的新医改方案正式公布，提出要把基本医疗卫生制度作为公共产品向全民提供，强化政府在基本医疗卫生制度中的责任。新医改方案的提出扩大了基本医疗保障的覆盖面，提高了基本医疗保障水平，规范了基本医疗保障基金管理，完善了城乡医疗救助制度，并且提高了基本医疗保障管理服务水平。随着新医改方案的落地与实施，我国在医疗卫生服务领域逐步取得了一些伟大成就，并且继续探索了一些适合中国发展现状、符合中国国情的医疗卫生政策，这些政策中蕴藏着极具创造性的中国智慧，形成了中国特色的健康发展之路，医疗卫生服务体系也逐步走向系统化、成熟化。

随着我国医疗卫生服务体系的不断成熟，2016 年 10 月，中共中央、国务院印发了《健康中国“2030”规划纲要》，推动了我国人民健康水平和健康事业的发展。同年年底，中共中央办公厅转发了《国务院深化医药卫生体制改革领导小组关于进一步推广深化医药卫生体制改革经验的若干意见》，为医疗卫生体制的具体改革以及健康中国的进一步发展提供了具体建议，其主要内容是建立医疗、医保、医药“三医”联动的工作机制，完善医疗保障体系，为我国人民提供质量更高更完整的医疗卫生服务。《国务院深化医药卫生体制改革领导小组关于进一步推广深化医药卫生体制改革经验的若干意见》堪称我国今后医改坚定迈向深水区和攻坚期的行动指南。

在 2016 年推出建设中国特色的健康发展之路这一理念后，2017 年 10 月党开始推出具体措施，作出实施健康中国战略的重大决策部署，进一步推行健康中国发展之路。2018 年 3 月，根据国务院“大部制”改革方案，国家卫生和计划生育委员会被重新组建为国家卫生健康委员会，增添了“健康”二字，不仅能够反映机构名称与职责的变化，还能够体现“健康中国”政策导向的战略定位。至此，我国不再设立国务院深化医疗卫生体制改革领导办公小组办公室，开始组建国家医疗保障局，组建国家市场监督管理总局，并且单独组建国家药品监督管理局，使医疗卫生服务体系更加全面具体。

五、我国医疗卫生服务高质量发展期（2019 年—　）

2019年7月，我国继续推行中国特色健康发展之路，国务院推出《关于实施健康中国行动的意见》，要求建立国家层面的健康中国行动推进委员会，并且制定印发了《健康中国行动（2019—2030年）》。围绕疾病的预防与促进健康发展这两大核心，改变人们的关注点，促进以疾病为中心向以健康为中心转变。并且推出了健康中国的顶层设计，绘制了健康中国的施工蓝图，人民将享受到更广、更多、更公平的医疗卫生服务资源。随着健康中国目标的实施与推进，全民的健康生活方式得到普及，健康素养水平得到大幅度提升，人均寿命也在逐步提高，健康公平也得到了基本实现。

《国务院关于实施健康中国行动的意见》中明确指出了“人民健康是民族昌盛和国家繁荣的重要标志，预防是最经济最有效的健康策略”。通过实施15项重大任务，将战略关口前移，努力使群众不生病少生病，切实落实中国的健康战略。2020年年初暴发了新冠肺炎疫情，这场重大卫生突发事件是对我国医疗卫生服务体系的又一重大考验，全国人民团结一心，在中共中央总书记习近平的亲自指挥下，在14亿人民的共同努力下，用3个月的时间取得了武汉保卫战的胜利，用实际行动践行了中国健康发展战略。

2020年是全面建成小康社会和“十三五”规划的收官之年，医疗卫生服务体系呈现出高质量发展趋势，卫生资源的总量也在持续增加，根据2020年公报显示，全国医疗卫生机构总数达1022922个，比2010年93.7万个增加8.59万个。医院数量由2010年年末的20918个增加到35394个，增长69.2%，呈现大幅度增加趋势。而基层医疗卫生机构和专业公共卫生机构小幅度增加，基层医疗卫生机构由90.2万个增长到97万个，专业公共卫生机构由11835个增长到14492个，分别增长7.5%、22.5%。卫生人员总数一直在持续增加并呈现结构优化和流向分化。2020年年末，全国卫生人员总数达1347.5万人，比2010年增加526.7万人。根据一系列数据的增长显示，我国医疗卫生服务体系正处于高质量发展期，为人民的健康生活提供了有力保障。

第二节　河北省基本医疗卫生服务的发展现状

一、河北省医疗卫生服务的发展环境

1.健康已成为改善民生的核心内容

健康是人类生存与发展的基本需求和条件，是人类一切活动最重要的价值取向。发展医疗卫生事业，关系千家万户的幸福，是重大民生问题。投资于维系和增进健康的卫生保健活动，全面提高广大人民群众生活质量，已成为坚持以人为本、促进人的全面发展的重要内容，最直接地体现了实现富民强省、促进社会和谐、使广大人民群众共享经济社会改革发展成果的执政理念。

2.健康已成为促进经济社会转型发展的关键因素

健康就是财富，身体健康是全人类公认的最宝贵财富。面对经济发展方式的深刻转变，经济转型发展将更加依赖于劳动者健康素质提高等要素瓶颈的突破。发展医疗卫生事业，不断加大对健康影响因素的干预力度，进一步提高人群的健康水平和健康素养，将有力地保障人力资本的不断增长，进而形成经济持续健康发展的“源动力”。

3.健康已成为实现社会公平正义的内在要求

健康是人最基本的权利，是社会的最高价值。健康公平是社会公正、公平的基础。在生存型社会向发展型社会转变的关键阶段，把基本医疗卫生服务制度作为公共产品提供，同步改善不同地区、不同人群健康状况，使人人享有基本医疗卫生服务，已成为更好地维护国民基本健康权益、实现社会公平和社会稳定的重要基石。随着社会经济的不断发展，我国居民健康水平得

到了长足的进步，但与此同时，健康不公平现象依旧严峻，我们要努力消除健康知识的贫困和医疗信息的不对称，为公民提供大众化的、公平性的优质健康教育资源，不断减少健康资源不平等和分配不公平现象。

二、河北省医疗卫生服务事业的现实基础

1.人群健康水平进一步提高

2020年，全省居民健康素养提高到26.68%，较2019年度提高7.5个百分点，高于国家平均水平3.53个百分点。2020年孕产妇死亡率、婴儿死亡率和5岁以下儿童死亡率分别降低到10.72/10万、4.03‰、5.41‰，均明显优于全国平均水平。2020年传染病发病较2019年下降40%，艾滋病继续保持低流行态势，碘缺乏病、大骨节病、克山病病区县全部达到消除标准，饮水型氟中毒病区县全部达到控制标准，地方病全部达到消除和控制标准，国家免疫规划疫苗接种率达到90%以上。

2.医疗卫生服务能力明显增强

党的十八大以来，河北省不断深化卫生体制改革，医疗卫生服务体系不断完善，基础设施不断健全，医疗卫生服务能力全面提升，服务保障能力明显增强，全省卫生事业发展取得显著成绩。2019 年，全省医疗卫生机构 84637 个，其中医院 2115 个，比 2015 年分别增加医疗卫生机构 6038 个以及医院 568 个，增长率分别为 7.68%和 36.72%。医疗卫生机构共设有床位 42.99 万张，比 2015 年增加 8.77 万张，增长 25.64%。其中，医院床位数由 25.48 万张增加到 32.83 万张，增长 28.85%。

3.医药卫生体制改革全面启动

按照国家深化医药卫生体制改革意见的要求，河北省医药卫生体制改革工作全面启动，并取得积极进展和明显成效，全民医保制度基本建立，公立医院全部取消药品加成，基本药物制度不断巩固，医疗卫生服务体系得到加强，人民健康水平稳步提高。到 2020 年年底前，全省所有村卫生室的人员、财务、药械、业务、准入退出、绩效考核等统一由乡镇卫生院负责管理。2021

年，河北省人均基本公共卫生服务经费补助标准提高到 79 元，新增项目资金统筹用于基本公共卫生服务和基层医疗卫生机构疫情防控工作。

4.卫生发展的体制性、机制性、结构性和素质性等矛盾仍然突出

面对全面建成小康社会的目标任务和人民群众日益增长的健康需求，河北省卫生资源总量仍然不足，配置还不均衡，基层服务能力比较薄弱，看病难、看病贵的问题尚未从体制机制上得到根本解决，加强卫生人才、科技、信息等要素建设，提升卫生软实力的要求更为迫切。深化医药卫生体制改革迫切需要更加注重系统集成和综合推进，更加注重政策的协同联动，更加注重发挥改革整体效应，更好地维护和促进人民健康。

三、河北省卫生事业发展的现状

1.各卫生机构数

从河北省各类卫生机构数总数上看，2015—2019年五年来总体上呈不断增长的趋势，除2019年出现机构数少量减少外，从2015年的78599所增长到2019年的84637所，增长了7.68%。

河北省卫生机构大致可分为三大类，即医院、基层医疗卫生机构和专业公共卫生机构，共涉及 15 类之多，其中，医院包含公立医院、民营医院、综合医院、中医医院以及专科医院；基层医疗卫生机构包含社区卫生服务中心（站）、街道卫生院、乡镇卫生院、村卫生室以及门诊部（所）；专业公共卫生机构包含疾病预防控制中心、专科疾病防治院（所/站）、妇幼保健院（所/站）、健康教育所（站/中心）以及卫生监督所（中心）（见表 6-1）。

从机构分类看，村卫生室是最多的一类，占所有机构比重最大，2019年为 72.569%，不过与 2017 年的 75.527%相比，比重还是有所下降的。排在第二位的是门诊部（所），2019 年比重为 17.458%，与 2017 年的 15.085%相比，比重明显在增长。这两类占比达到近 90%，反映出在河北省卫生机构方面发挥着巨大的作用。

表 6-1　2017—2019 年河北省各类卫生机构情况

分类	2017 年		2018 年		2019 年	
	机构数	比重	机构数	比重	机构数	比重
公立医院	720	0.903	713	0.871	699	0.852
民营医院	1127	1.413	1392	1.701	1416	1.7265
综合医院	1265	1.586	1467	1.793	1452	1.770
中医医院	218	0.273	243	0.297	249	0.3036
专科医院	323	0.405	353	0.431	372	0.454
社区卫生服务中心（站）	1274	1.598	1383	1.690	1425	1.7375
街道卫生院	8	0.010	—	—	—	—
乡镇卫生院	1972	2.473	2006	2.451	1998	2.436
村卫生室	60225	75.527	59047	72.155	59518	72.569
门诊部（所）	12029	15.085	14656	17.909	14318	17.458
疾病预防控制中心	189	0.237	188	0.230	187	0.228
专科疾病防治院（所/站）	11	0.014	12	0.015	11	0.0134
妇幼保健院（所/站）	192	0.241	187	0.229	187	0.228
健康教育所（站/中心）	2	0.003	2	0.002	2	0.002
卫生监督所（中心）	185	0.232	185	0.226	182	0.222
总计	79740	100	81834	100	82016	100

资料来源：《河北统计年鉴 2020》

2.床位数

床位数是反映卫生机构可接纳住院病人的总体情况，图6-1反映的是2015—2019年河北省卫生机构床位数变化趋势。从数据情况看，河北省各类医疗卫生机构床位数每年在不断增长，从2015年的34.22万张，增长到2019年的42.99万张，增幅25.63%。

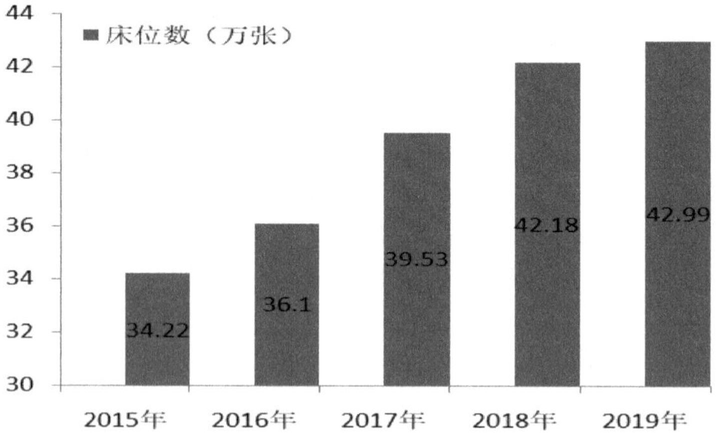

图 6-1　2015—2019 年河北省卫生机构床位数

根据表 6-2，河北省各类卫生机构，床位数最多的是公立医院，2017—2019 年占比均超过 50%；其次是民营医院和乡镇卫生院两类卫生机构，其中民营医院呈现增长态势，乡镇卫生院呈现下降趋势，两类占比和超过 35%；再次是社区卫生服务中心（站）和妇幼保健院（所/站）两类机构，占比和超过 5%；专科疾病防治院（所/站）床位数占比较低，并呈现减少态势。

表 6-2　2017—2019 年河北省各类卫生机构床位数情况

分类	2017 年		2018 年		2019 年	
	床位数	比重	床位数	比重	床位数	比重
公立医院	229762	58.40%	236366	56.34%	242023	56.58%
民营医院	70087	17.81%	84313	20.10%	86307	20.18%
社区卫生服务中心（站）	9924	2.52%	13593	3.24%	13573	3.17%
乡镇卫生院	70817	18.00%	71831	17.12%	71652	16.75%
妇幼保健院（所/站）	12599	3.20%	13262	3.16%	13999	3.28%
专科疾病防治院（所/站）	290	0.07%	175	0.04%	180	0.04%
总计	393479	100%	419540	100%	427734	100%

资料来源：《河北统计年鉴 2020》

3.卫生人员

卫生人员指在医疗、预防保健、医学科研和在职教育等卫生机构工作的职工，包括卫生技术人员、其他技术人员、管理人员和工勤人员。卫生技术人员，又称医务人员，指卫生事业机构支付工资的全部职工中现任职务为卫生技术工作的专业人员，包括中医师、西医师、中西医结合高级医师、护师、中药师、西药师、检验师、其他技师、中医士、西医士、护士、助产士、中药剂士、西药剂士、检验士、其他技士、其他中医、护理员、中药剂员、西药剂员、检验员和其他初级卫生技术人员。

2020年年末，全国卫生人员总数达1347.2万人，比上年增加54.7万人（增长4.2%）。2020年年末卫生人员总数中，卫生技术人员1067.8万人，乡村医生和卫生员79.2万人，其他技术人员53万人，管理人员56.1万人，工勤技能人员91.1万人。卫生技术人员中，执业（助理）医师408.6万人，注册护士470.9万人。与上年比较，卫生技术人员增加52.4万人(增长5.2%)。2020年年末卫生人员机构分布，医院811.2万人（占60.2%），基层医疗卫生机构434万人（占32.2%），专业公共卫生机构92.5万人（占6.9%）。2020年，每千人口执业（助理）医师2.9人，每千人口注册护士3.34人；每万人口全科医生2.9人，每万人口专业公共卫生机构人员6.56人。

河北省卫生技术人员数量在2015—2019年间呈不断上涨趋势，从2015年的37.26万人，增长到2019年的49.01万人，增幅为31.54%，具体情况如图6-2所示。

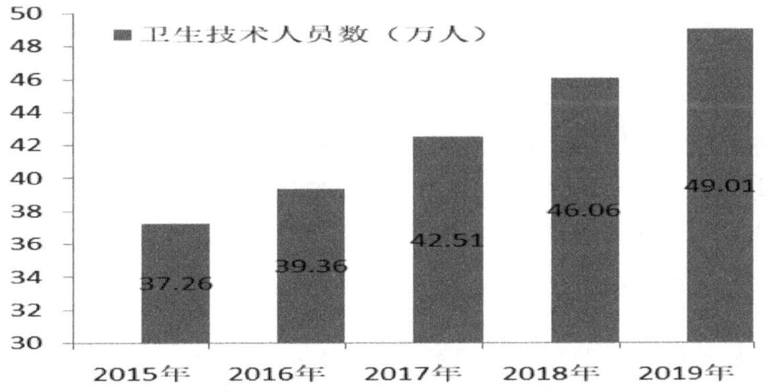

图6-2　2015—2019年河北省卫生技术人员数

河北省每千人口执业（助理）医师数量在2015—2019年间呈不断上涨趋势，从2015年的2.25人，增长到2019年的3.02人，增幅为34.22%，具体情况如图 6-3 所示。

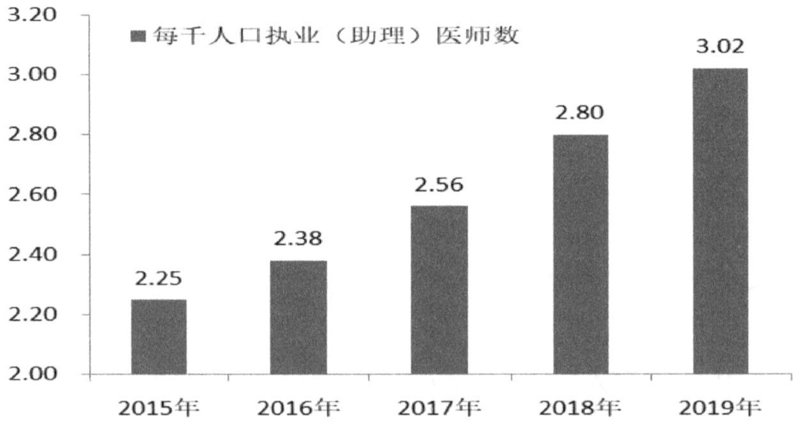

图 6-3　2015—2019 年河北省每千人口执业（助理）医师数

根据表 6-3 我们可以看到，在全省所有卫生技术人员中，数量占比最多的依次为执业（助理）医师、执业医师和注册护士，三类占比均超过 20%，并呈现逐年上涨的趋势，总和达到 70%。其次为乡村医生和卫生员，占比近 10%，但呈现出逐年递减的趋势，从 2017 年的 11.67%下降到 2019 年的 8.6%。

表 6-3　2017—2019 年河北省各类卫生机构卫生人员数量情况

	2017 年		2018 年		2019 年	
	人员数	比重	人员数	比重	人员数	比重
执业（助理）医师	191900	28.09	211038	28.89	228651	29.95
执业医师	149854	21.94	164717	22.55	173553	22.73
注册护士	158414	23.19	172831	23.66	184985	24.23
药师（士）	17539	2.57	18833	2.58	19215	2.52
乡村医生和卫生员	79738	11.67	72779	9.96	65657	8.60
其他技术人员	27355	4.00	30180	4.13	30544	4.00
管理人员	21016	3.08	22271	3.05	22975	3.01
工勤技能人员	37357	5.47	37836	5.18	37830	4.96
总计	683173	100	730485	100	763410	100

资料来源：《河北统计年鉴 2020》

4.卫生总费用

卫生总费用是指一个国家或地区在一定时期内（通常是一年）全社会用于医疗卫生服务所消耗的资金总额。卫生总费用是由政府卫生支出、社会卫生支出和个人卫生支出三部分构成，从全社会角度反映卫生资金的全部运动过程，分析与评价卫生资金的筹集、分配和使用效果。卫生总费用，是标志一个国家整体对卫生领域投入的高低。作为国际通行指标，卫生总费用被认为是了解一个国家卫生状况的有效途径之一，按照世界卫生组织的要求，发展中国家卫生总费用占 GDP 总费用不应低于 5%。

2020 年，全国卫生总费用相比 2019 年有所上涨。2019 年我国卫生总费用为 65841.4 亿元，其中政府卫生支出 18017.0 亿元（占 27.37%），社会卫生支出 29150.6 亿元（占 44.27%），个人卫生现金支出 18673.9 亿元（占 28.36%），人均卫生总费用 4702.8 元。相比之下，2020 年全国卫生总费用达 72306.4 亿元，其中，政府卫生支出 21998.3 亿元（占 30.4%），社会卫生支出 30252.8 亿元（占 41.8%），个人卫生支出 20055.3 亿元（占 27.7%），人均卫生总费用 5146.4 元。2020 年，我国卫生总费用占 GDP 百分比为 7.12%，这一比例在 2019 年为 6.64%，2018 年为 6.43%，2017 年为 6.36%。

2014—2018年河北省卫生总费用呈不断上涨趋势，从2014年的1645.8亿元，增长到2018年的2690.84亿元，增幅为63.50%，具体情况如图6-4所示。

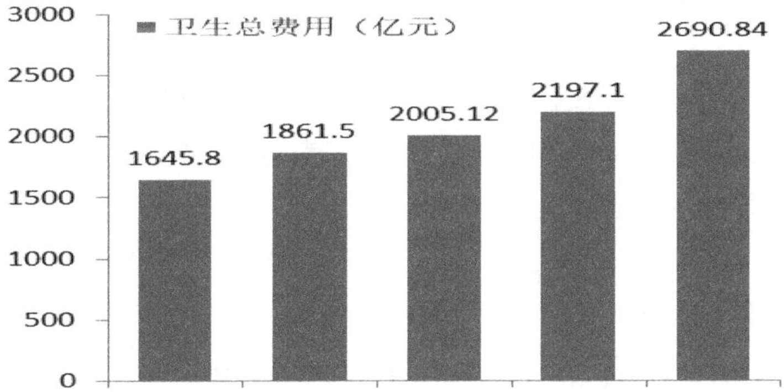

图 6-4　2014—2018 年河北省卫生总费用

2014—2018年，河北省地区生产总值呈不断上涨趋势，从2014年的29421.2亿元，增长到2018年的32494.6亿元，增幅为10.45%；2014—2018年河北省卫生总费用占GDP百分比也呈增长态势，除了2016年略有下降外，从2014年的5.59%，增长到2018年的8.28%，增幅为48.12%，具体情况如表6-4所示。

表 6-4　2014—2018 年河北省卫生总费用占 GDP 比重

年份	卫生总费用（亿元）	地区生产总值（亿元）	卫生总费用占 GDP 百分比
2014 年	1645.8	29421.2	5.59%
2015 年	1861.5	26398.4	7.05%
2016 年	2005.12	28474.1	7.04%
2017 年	2197.1	30640.8	7.17%
2018 年	2690.84	32494.6	8.28%

第三节　基本医疗卫生服务均等化测量指标体系的构建

身体健康是人类永恒的追求，医疗卫生服务则是人类健康的基本保障。为完善公共卫生制度建设，促进基本公共卫生服务均等化，卫生部发布了《国家基本公共卫生服务规范（2011 年版）》，用以规范基本公共卫生项目管理，包括城乡居民健康档案管理、健康教育、预防接种、传染病及突发公共卫生事件报告等 11 项基本内容。为进一步规范国家基本公共卫生服务项目实施，卫生部对《国家基本公共卫生服务规范（2011 年版）》进行了修订，修改完善了有关内容，精简了部分工作指标，形成《国家基本公共卫生服务规范（第三版）》（以下简称《规范》）。

本书参考《国家基本公共卫生服务规范》的内容，结合医疗卫生服务的自身特点，在借鉴西奥多·H.波伊斯特的“投入-过程-产出-效果”模型基础上，将影响医疗卫生服务水平的因素归结为投入、保障、产出和效果四个方面。对基本医疗卫生服务水平进行有效测度的关键就是要选择科学合理的指标体系，本书基于《国家基本公共卫生服务规范》，结合《“十四五”公共服务规划》中涉及医疗卫生的内容，同时参考《河北统计年鉴》等文献，在综合考虑数据的代表性和可获得性原则基础上，构建了基本医疗卫生服务均等化测量指标体系。投入指标是指政府对医疗卫生服务的投入水平，包括经费投入和基础设施投入等内容；保障指标是指在接受医疗卫生服务时所能得到的物质和人员保障，比如足够的床位以及专业的医护人员等；产出指标是指医疗卫生资源投入产生的医疗卫生服务能力；效果指标反映的是投入医疗卫生资源和能力产生的实际效果，对人们身体健康产生怎样的效果。基本医疗卫生服务均等化测量指标体系如表 6-5 所示，各项指标说明如下。

表 6-5　基本医疗卫生服务均等化水平评价指标体系

总目标	一级指标	二级指标
医疗卫生服务均等化水平	投入	人均一般公共预算卫生健康支出（元）
		每万人拥有医疗卫生机构数（个）
	保障	每万人拥有卫生技术人员数（人）
		每千人口执业（助理）医师数（人）
		每千人口医疗卫生机构床位数（张）
	产出	病床使用率（%）
		出院者平均住院日（日）
		人均医疗卫生机构诊疗次数（次）
	效果	急诊病死率（%）
		观察室病死率（%）
		住院病死率（%）

资料来源：根据笔者调查研究整理

第一，投入指标。基本医疗卫生服务均等化投入指标包括“人均一般公共预算卫生健康支出”和“每万人拥有医疗卫生机构数量”两项内容。其中，人均一般公共预算卫生健康支出由一般公共预算卫生健康支出除以各城市人口总数获得，该项指标用于反映地方政府对医疗卫生的投入程度和重视程度。一个地区的医疗卫生机构数量反映了该地区医疗基础设施建设的水平，是衡量一个地区医疗资源的重要指标，每万人拥有医疗卫生机构数量由各城市医疗卫生机构总数除以总人口（万人）获得，消除了人口数量差异对投入效果的影响，从而更好地进行比较，能够更真实地反映各地区医疗卫生机构的建设水平。

第二，保障指标。基本医疗卫生服务均等化保障指标由“每万人拥有卫生技术人员数”“每千人口执业（助理）医师数”以及“每千人口医疗卫生机构床位数”构成。每万人拥有卫生技术人员数和每千人口执业（助理）医师数两个指标反映出各城市对基本医疗卫生服务发展所提供的人力资源保障程度。每千人口医疗卫生机构床位数指标反映了基本医疗卫生服务机构所能提供服务的基本物质保障水平，这是医疗卫生服务得以发展和传承的重要载体。

第三，产出指标。基本医疗卫生服务均等化产出指标由“病床使用率”“出院者平均住院日”以及“人均医疗卫生机构诊疗次数”三个指标构成。病床使用率是反映每天使用床位与实有床位的比率，即实际占用的总床日数与实际开放的总床日数之比。出院者平均住院日是指医院出院病人的平均住院天数，是评价住院医疗质量及医院管理水平的一个统计指标。诊疗人次是指医疗卫生机构进行治疗的总人次数的统称，是衡量医疗服务工作效能的重要指标。我们选择人均医疗卫生机构诊疗次数是为了消除不同城市人口所带来的差异，使得评价结果更加公正客观。

第四，效果指标。基本医疗卫生服务均等化效果指标由“急诊病死率”“观察室病死率”以及“住院病死率”三个指标构成。病死率表示一定时期内，因患某种疾病死亡的人数占患病人总数的比例。病死率表示确诊疾病的死亡概率，不仅能够反映疾病的严重程度，还能在很大程度上反映医疗机构诊治能力等医疗水平。我们用急诊病死率、观察室病死率以及住院病死率三个指标反映不同城市的医疗卫生服务效能。

第四节　河北省各城市基本医疗卫生服务均等化水平测量

本节从“投入-保障-产出-效果”四个维度对河北省各城市医疗卫生服务均等化水平进行了测量，相关数据均来源于《河北统计年鉴 2020》。

一、各城市医疗卫生服务均等化投入指标分析

首先，总体来看，由图 6-5 和图 6-6 可知，河北省各城市医疗卫生服务投入水平虽存在差距，但仍相对平均，各城市医疗卫生服务均等化投入指标得分与河北省平均水平呈现较明显的线性分布。河北省各城市医疗卫生服务投入情况较好，其中，超过全省平均水平的城市有 8 个，占总数的 72. 73%。其中，张家口市的得分最高，并且在两个投入指标上表现均衡，均位列河北省第二，反映近年来张家口市因 2022 年冬奥会的举办在医疗卫生服务的投入方面加大了力度。邯郸市、保定市和石家庄市在医疗卫生投入总得分均低于全省平均水平。石家庄市作为河北省的省会，得分最低仅为 153. 51 分，与得分最高的张家口市的 250. 60 分之间的分值相差近 100 分，说明在医疗卫生服务投入方面，石家庄市表现欠佳，后续应该加大向医疗卫生服务领域的投入力度。尤其是每万人拥有的医疗卫生机构数这个指标，石家庄市位列倒数第一，后续应该加强石家庄市的医疗卫生机构建设。此外，保定市也应该加强医疗卫生服务的投入力度，更好地提高医疗卫生服务的保障水平。

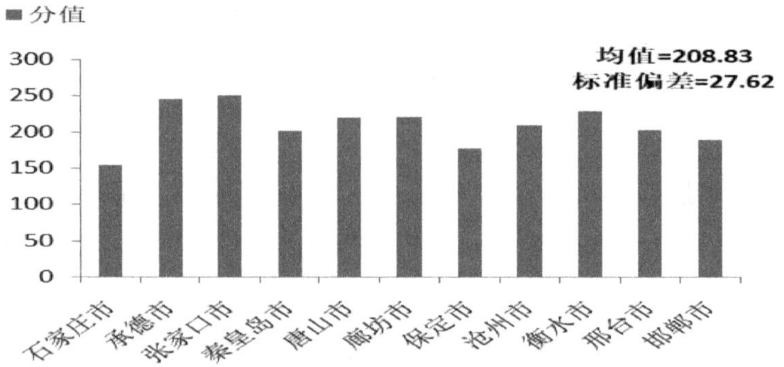

图 6-5　各城市医疗卫生服务均等化投入指标分值分布柱状图

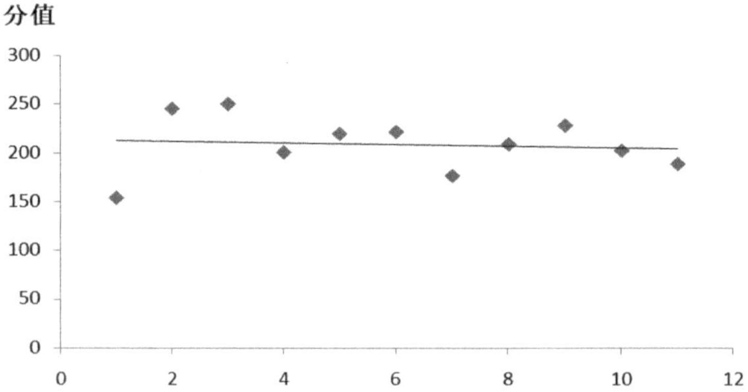

图 6-6　各城市医疗卫生服务均等化投入指标分值分布趋势图

其次，从各二级指标来看（见表6-6），在人均一般公共预算卫生健康支出方面，全省共有5个城市高于全省平均水平，分别是承德市、张家口市、唐山市、廊坊市和秦皇岛市，其中承德市的分值最高，为134. 42分。其余6个城市的得分均低于河北省平均水平，但是与平均值差距不大，得分最少的邯郸市为87. 91分，反映出在人均一般公共预算卫生健康支出方面，河北省均等化情况较好。在每万人拥有医疗卫生机构数量方面，全省共有8个城市高于全省平均水平，仅有3个城市的得分低于全省平均水平，分别是秦皇岛市、保定市和石家庄市，并且只有石家庄市的得分低于及格线，其他两个城市仅仅略低于全省平均水平，反映出石家庄市在医疗卫生机构建设投入方面存在很大短板，在后续公共服务设施建设方面要加大投入力度。

表 6-6　各城市医疗卫生服务均等化投入指标分值统计表

地区	人均一般公共预算卫生健康支出（元）	分值	排名	每万人拥有医疗卫生机构数（个）	分值	排名	投入指标分值	排名
全省	878.76	100		10.93	100		200	
石家庄市	836.87	95.23	7	6.37	58.28	11	153.51	11
承德市	1181.27	134.42	1	12.16	111.25	6	245.67	2
张家口市	1171.44	133.31	2	12.82	117.29	2	250.6	1
秦皇岛市	889.18	101.19	5	10.86	99.36	9	200.55	8
唐山市	980.79	111.61	3	11.83	108.23	7	219.84	5
廊坊市	938.77	106.83	4	12.55	114.82	3	221.65	4
保定市	786.56	89.51	10	9.49	86.83	10	176.34	10
沧州市	857.70	97.60	6	12.18	111.44	5	209.04	6
衡水市	825.36	93.92	8	14.70	134.49	1	228.41	3
邢台市	788.93	89.78	9	12.33	112.81	4	202.59	7
邯郸市	772.56	87.91	11	11.04	101.01	8	188.92	9

二、各城市基本医疗卫生服务均等化保障指标分析

首先，总体来看，由图6-7和图6-8可知，河北省各城市基本医疗卫生服务保障水平之间差距较小，分值相对平均，均在260～350分之间，各城市基本医疗卫生服务均等化保障指标得分与河北省平均水平呈现显著明显的线性分布。其中，超过全省平均水平的城市有5个，分别为承德市、石家庄市、秦皇岛市、唐山市和廊坊市，约占总数的45. 45%。其中，承德市在基本医疗卫生服务保障方面表现显著，得分为344. 87分，但与其他城市相比，并没有巨大差距。其他6个城市，邯郸市、沧州市、张家口市、衡水市、邢台市和保定市的得分均低于全省平均水平，得分最低的保定市分数为267. 95分，和最高分的承德市相差76. 92分，说明在基本医疗卫生服务保障方面各城市并不存在较大差距，在均等化建设方面情况较好。此外，张家口市在基本医

疗卫生服务保障方面需要加强，得分略低于平均水平，排名位列第八，作为河北省重要的旅游城市以及2022年冬奥会的筹办地，应该更好地加大基本医疗卫生服务的保障力度，从专业医疗人才队伍建设和医疗机构设施建设方面加大投入力度，以提高基本医疗卫生服务的供给能力和水平。此外，石家庄市作为河北省的省会，在该指标下得分较高，总分位列河北省第二，说明石家庄市在基本医疗卫生服务保障方面发挥了较好的作用，尤其是专业人才队伍建设方面两个指标均位列河北省第一，说明石家庄市重视医疗卫生服务领域的人力资源建设，在全省起到了很好的表率作用。而邢台市和保定市两个城市在这方面表现欠佳，后续需要加强医疗卫生服务领域的保障力度。

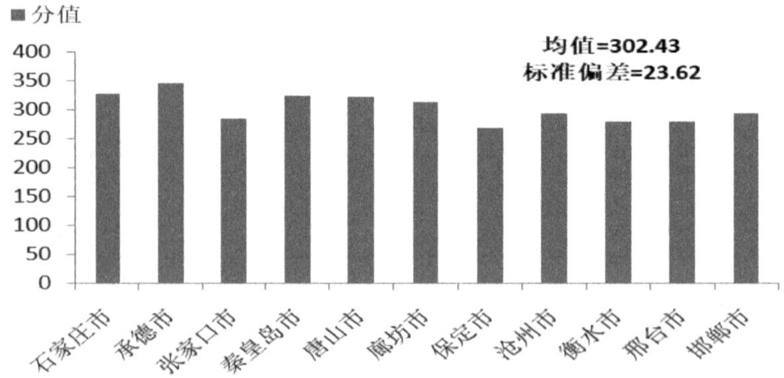

图 6-7　各城市基本医疗卫生服务均等化保障指标分值分布柱状图

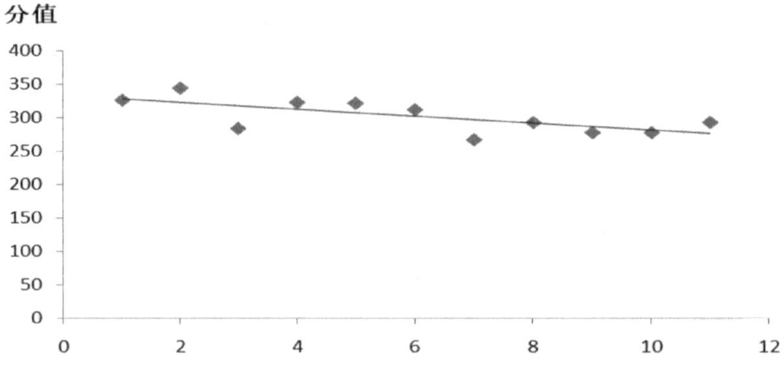

图 6-8　各城市基本医疗卫生服务均等化保障指标分值分布趋势图

其次，从各二级指标来看（见表6-7），在每万人拥有卫生技术人员数量方面，全省共有5个城市高于平均水平，分别是石家庄市、承德市、秦皇岛市、廊坊市和唐山市，其中石家庄市的分数最高为112. 47分，与其他城市相比优势并不明显，而低于河北省平均分值的6个城市中，最低的邢台市得分为89. 77分，说明在每万人拥有卫生技术人员数量方面，各城市表现比较均衡，发展情况较好，后续继续保持良好态势并进一步缩短差距。在每千人口执业（助理）医师数量方面，全省共有6个城市高于全省平均水平，分别是石家庄市、廊坊市、承德市、秦皇岛市、唐山市和衡水市，其中石家庄市的分值最高，为115. 54分，与其他城市相比优势并不明显。此外，在低于全省平均水平的5个城市中，张家口市的得分最低，为82. 09分，分值与最高分相差33. 45，差距并不显著，可以看出在执业（助理）医师人才队伍建设保障方面，各城市均等化程度相对较好，并且均达到80分以上。

在每千人口医疗卫生机构床位数量方面，全省共有5个城市高于全省平均水平，分别是承德市、唐山市、张家口市、秦皇岛市和邯郸市，其中承德市的分值最高，为127. 19分，与其他城市相比优势并不显著。在低于全省平均水平的6个城市中，衡水市的得分最低，为84. 62分，可以看出在医疗卫生机构床位数量建设方面，各城市均等化程度较好，并且均达到80分以上。需要注意的是，石家庄市作为河北省的省会，得分低于全省平均水平，在后续医疗机构建设方面要加大卫生机构床位建设的投入力度，确保公众的基本医疗需求。

表 6-7　各城市基本医疗卫生服务均等化保障指标分值统计表

地区	每万人拥有卫生技术人员数（人）	分值	排名	每千人口执业（助理）医师数（人）	分值	排名	每千人口医疗卫生机构床位数（张）	分值	排名	保障指标分值	排名
全省	83.90	100		2.96	100		5.59	100		300	
石家庄市	94.36	112.47	1	3.42	115.54	1	5.52	98.75	6	326.76	2
承德市	93.35	111.26	2	3.15	106.42	3	7.11	127.19	1	344.87	1
张家口市	77.64	92.54	9	2.43	82.09	11	6.15	110.02	3	284.65	8

（续表）

地区	每万人拥有卫生技术人员数（人）	分值	排名	每千人口执业（助理）医师数（人）	分值	排名	每千人口医疗卫生机构床位数（张）	分值	排名	保障指标分值	排名
秦皇岛市	91.63	109.21	3	3.13	105.74	4	6.06	108.41	4	323.36	3
唐山市	89.54	106.72	5	3.05	103.04	5	6.29	112.52	2	322.28	4
廊坊市	90.66	108.06	4	3.29	111.15	2	5.22	93.38	8	312.59	5
保定市	76.15	90.76	10	2.65	89.53	10	4.90	87.66	10	267.95	11
沧州市	80.49	95.94	7	2.95	99.66	7	5.48	98.03	7	293.63	7
衡水市	78.20	93.21	8	2.98	100.68	6	4.73	84.62	11	278.51	9
邢台市	75.32	89.77	11	2.85	96.28	8	5.16	92.31	9	278.36	10
邯郸市	81.10	96.66	6	2.73	92.23	9	5.86	104.83	5	293.72	6

三、各城市基本医疗卫生服务均等化产出指标分析

首先，总体来看，由图6-9和图6-10可知，河北省各城市基本医疗卫生服务产出水平相对均衡，各城市基本医疗卫生服务均等化产出指标得分与河北省平均水平呈现显著明显的线性分布，且所有分值均集中在260～350分，没有明显的极低值和极高值。其中，超过全省平均水平的城市有4个，分别为石家庄市、沧州市、承德市和秦皇岛市，约占总数的36. 36%。其中，石家庄市在基本医疗卫生服务产出方面成效显著，得分为340. 70分，说明作为省会城市，石家庄市医疗机构的利用率有明显的地域优势。在低于河北省平均水平的城市中，张家口市位列最后，得分为266. 38分，虽不甚理想，但也不是具有明显差别，反映出河北省在基本医疗卫生服务产出方面均等化程度较好。值得注意的是，张家口市在该项内容上表现欠佳，位列最后，究其原因主要是因为在人均医疗卫生机构诊疗次数方面得分较低，拉低了整体分值，后续应该着重研究造成诊疗人次较低的原因究竟是公众健康状况较好，还是需要就诊的人员选择去其他城市就诊，从而为公众提供更好的医疗卫生服务。

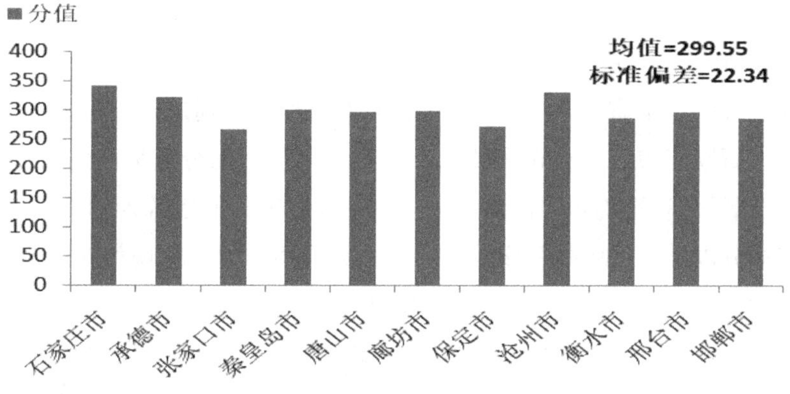

图 6-9　各城市基本医疗卫生服务均等化产出指标分值分布柱状图

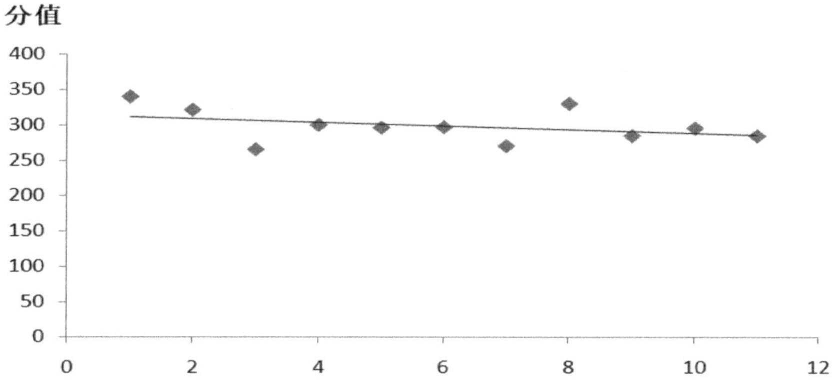

图 6-10　各城市基本医疗卫生服务均等化产出指标分值分布趋势图

其次，从各二级指标来看（见表6-8），在病床使用率方面，全省仅有3个城市高于平均水平，分别是石家庄市、沧州市和唐山市，石家庄市的得分为120. 15分，与其他城市相比优势不显著。低于全省平均水平的城市有8个，其中廊坊市最低，分值为84. 89分，与平均值相差不大，反映河北省各城市在病床使用率方面表现均衡，石家庄市作为省会城市病床使用率最高，说明公众还是信赖省会城市的医疗卫生服务。在出院者平均住院日方面，全省有5个城市高于平均水平，分别是承德市、石家庄市、张家口市、秦皇岛市和唐山市，其中承德市的分值最高，为112. 22分，与平均值较为接近。而低于全省平均水平的6个城市中，得分最低的邢台市为94.44分，反映出在出院者平均住院日方面，各城市较为接近，均等化程度较好。在人均医疗卫生机构诊疗次数方面，全省共有6个城市高于平均水平，分别是沧州市、廊坊市、承德市、石家庄市、邢台市和衡水市，其中沧州市的分值最高为127.82分。其他5个低于全省平均水平的城市中，除张家口市分值较低为63.27分外，其他都在80分以上，反映在医疗卫生诊疗次数方面河北省表现相对均衡。张家口市人均医疗卫生机构诊疗次数相对较少，需要进一步挖掘原因。

表 6-8　各城市基本医疗卫生服务均等化产出指标分值统计表

地区	病床使用率（%）	分值	排名	出院者平均住院日（日）	分值	排名	人均医疗卫生机构诊疗次数（次）	分值	排名	产出指标分值	排名
全省	81.4	100		9.0	100		5.50	100		300	
石家庄市	97.8	120.15	1	9.9	110.00	2	6.08	110.55	4	340.70	1
承德市	80.1	98.40	4	10.1	112.22	1	6.13	111.45	3	322.07	3
张家口市	77.6	95.33	7	9.7	107.78	3	3.48	63.27	11	266.38	11
秦皇岛市	78.3	96.19	6	9.7	107.78	4	5.33	96.91	7	300.88	4
唐山市	85.3	104.79	3	9.2	102.22	5	4.95	90.00	9	297.01	6
廊坊市	69.1	84.89	11	8.6	95.56	7	6.45	117.27	2	297.72	5
保定市	75.2	92.38	9	8.6	95.56	8	4.59	83.45	10	271.39	10
沧州市	87.6	107.62	2	8.6	95.56	9	7.03	127.82	1	331.00	2
衡水市	72.8	89.43	10	8.6	95.56	10	5.54	100.73	6	285.72	8
邢台市	78.6	96.56	5	8.5	94.44	11	5.81	105.64	5	296.64	7
邯郸市	77.1	94.72	8	8.8	97.78	6	5.12	93.09	8	285.59	9

四、各城市基本医疗卫生服务均等化效果指标分析

首先，在进行各城市基本医疗卫生服务均等化效果指标分析之前，有两点特殊情况需要说明，第一，唐山市医疗卫生机构门诊观察室病死率数据缺失，通过其他途径未能获得，因此在效果总体评价时将其剔除；第二，《河北统计年鉴2020》中邯郸市医疗卫生机构门诊观察室病死率数据录入应该存在问题，出现了极大值7.68%，是部分城市的100倍之多，在通过其他途径获取数据失败后，为了不影响河北省基本医疗卫生服务效果的整体评价，在

最后的分析中将其剔除，因此总体分析只有9个城市，并且该指标体系的特点是用死亡率作为指标，属于逆向指标，因此分值越大说明医疗卫生服务效果越不好。总体来看，由图6-11和图6-12可知，河北省各城市基本医疗卫生服务效果水平存在较大差异。其中，效果水平好于全省平均水平的城市有6个，分别为沧州市、邢台市、衡水市、张家口市、承德市和保定市，约占总数的66. 67%，反映出河北省基本医疗卫生服务效果方面整体情况较好。其中，沧州市在基本医疗卫生服务效果方面成效显著，远远优于其他城市。低于全省平均水平的城市有石家庄市、秦皇岛市和廊坊市，三个城市的水平相差不明显，说明在剔除唐山市和邯郸市两个城市后，除沧州市表现出明显优势外，河北省基本医疗卫生服务均等化效果指标整体表现较均衡。

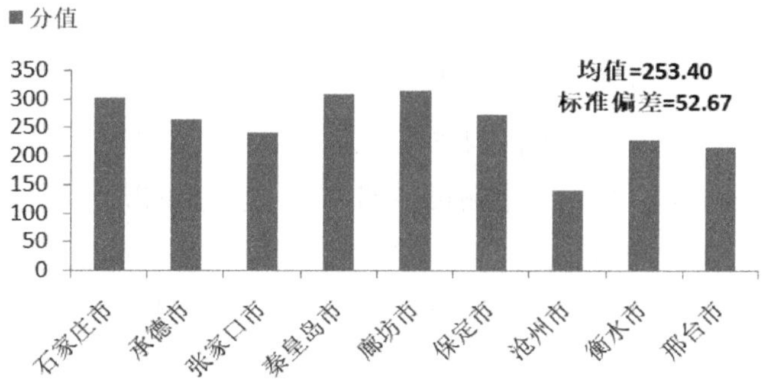

图 6-11　各城市基本医疗卫生服务均等化效果指标分值分布柱状图

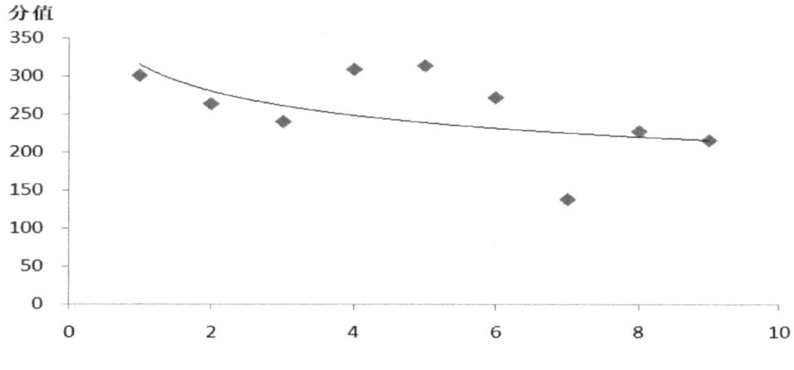

图 6-12　各城市基本医疗卫生服务均等化效果指标分值分布趋势图

其次，从各二级指标来看（见表 6-9），在医疗卫生机构门诊急诊病死率方面，全省有 5 个城市低于或等于全省平均水平，分别是沧州市、唐山市、衡水市、张家口市和邯郸市，其中，沧州市和唐山市在急诊病死率方面表现最好，仅仅为 0.09%，反映这两个城市在急诊科室抢救方面表现突出，应急处置能力较强。高于全省平均水平的 6 个城市与全省平均水平差距并不十分明显，其中，廊坊市急诊病死率最高为 0.21%，在后续工作中要加强并完善急诊室的应急抢救工作，降低病死率。在医疗卫生机构门诊观察室病死率方面，因为邯郸市出现了极端值 7.68%，导致河北省平均水平变得较大，全省除邯郸市外所有的城市都高于全省平均水平，另外唐山市该数据缺失，没有纳入分析范围。张家口市、衡水市、邢台市、秦皇岛市和沧州市 5 个城市的门诊观察室病死率都比较低，说明这几个城市的门诊观察室医疗服务效能较好。而石家庄市作为河北省的省会，观察室病死率最高，为 0.65%，值得引起医疗机构的足够重视，在后续要提高观察室的应急处置能力和水平，降低观察室病死率。在医疗卫生机构住院病死率方面，全省有 7 个城市均低于或等于全省平均水平，分别是沧州市、邯郸市、石家庄市、承德市、唐山市、保定市和邢台市，反映在医疗卫生机构住院治疗方面，河北省整体情况较好，另外 4 个城市的住院病死率高于全省平均水平，尤其是秦皇岛市，位列最后，病死率为 0. 5%，应该引起注意，加强住院病人的医护管理，提高医疗机构住院科室的医疗服务水平，降低病死率。

表 6-9　各城市基本医疗卫生服务均等化效果指标分值统计表

地区	急诊病死率（%）	分值	排名	观察室病死率（%）	分值	排名	住院病死率（%）	分值	排名	效果指标分值	排名
全省	0.15	100.00		0.69	100		0.3	100		300	
石家庄市	0.16	106.67	7	0.65	94.20	9	0.3	100.00	3	300.87	7
承德市	0.17	113.33	8	0.35	50.72	8	0.3	100.00	4	264.05	5
张家口市	0.15	100.00	4	0.05	7.25	1	0.4	133.33	8	240.58	4
秦皇岛市	0.20	133.33	10	0.06	8.70	4	0.5	166.67	11	308.70	8

（续表）

地区	急诊病死率（%）	分值	排名	观察室病死率（%）	分值	排名	住院病死率（%）	分值	排名	效果指标分值	排名
唐山市	0.09	60.00	2	—	—		0.3	100.00	5		
廊坊市	0.21	140.00	11	0.28	40.58	6	0.4	133.33	9	313.91	9
保定市	0.19	126.67	9	0.31	44.93	7	0.3	100.00	6	271.60	6
沧州市	0.09	60.00	1	0.08	11.59	5	0.2	66.67	1	138.26	1
衡水市	0.13	86.67	3	0.05	7.25	2	0.4	133.33	10	227.25	3
邢台市	0.16	106.67	6	0.06	8.70	3	0.3	100.00	7	215.37	2
邯郸市	0.15	100.00	5	7.68	1113	—	0.2	66.67	2	—	—

五、各城市基本医疗卫生服务均等化总体指标分析

通过以上“投入-产出-保障-效果”四个部分的分析，我们能够直观地了解河北省各城市医疗卫生服务在各个方面的发展现状和均等化水平。我们将四个部分的情况汇总到表 6-10，可以更清晰地呈现在医疗卫生服务发展方面河北省的基本情况。由于效果类指标是反向指标，指标值分数越低反映结果越好，因此无法和前面几个部分的正向指标进行分值相加，进而汇总河北省整体情况。我们可以通过四个部分的排名，了解河北省各城市在医疗卫生领域面临的主要问题。石家庄市作为河北省的省会，在医疗卫生领域发展过程中，投入最少，这与省会城市的实际需求不相符，但尽管这样，其产出指标排名仍位列河北省第一，说明石家庄市的医疗卫生服务利用率相对较高，和人们普遍信任大城市的医疗观念有关，因此石家庄市后续应该加强医疗卫生领域的投入力度，不论从资金投入还是医疗卫生机构建设方面都应该加强。与石家庄市的情况截然相反的是张家口市，其投入指标分值位列河北省第一，但其保障和产出指标分值都较低，尤其是产出得分位列河北省最后，后续应深入挖掘造成张家口市医疗卫生利用率低的原因，并提出对策和建议。

表 6-10　各城市基本医疗卫生服务均等化总体指标统计表

地区	投入指标分值	排名	保障指标分值	排名	产出指标分值	排名	效果指标分值	排名
全省	200		300		300		300	
石家庄市	153.51	11	326.76	2	340.70	1	300.87	7
承德市	245.67	2	344.87	1	322.07	3	264.05	5
张家口市	250.6	1	284.65	8	266.38	11	240.58	4
秦皇岛市	200.55	8	323.36	3	300.88	4	308.70	8
唐山市	219.84	5	322.28	4	297.01	6		
廊坊市	221.65	4	312.59	5	297.72	5	313.91	9
保定市	176.34	10	267.95	11	271.39	10	271.60	6
沧州市	209.04	6	293.63	7	331.00	2	138.26	1
衡水市	228.41	3	278.51	9	285.72	8	227.25	3
邢台市	202.59	7	278.36	10	296.64	7	215.37	2
邯郸市	188.92	9	293.72	6	285.59	9	1279	10

第七章 河北省基本社会保障服务均等化现状

社会保障是以国家或者政府为主体，依据相关法律及政策，对国民收入进行再分配，对由于各种原因所导致暂时或永久丧失劳动能力的公民以及生活贫困的家庭给予相应的物质帮助，来保障其生活水平的制度，其本质是追求真正的公平，满足公民的基本生活水平的多层次需要。现代意义上的社会保障则是经过了一系列的发展、成熟、完善、改革等不同时期而形成的工业化产物。

中国社会保障制度的主要内容包括社会保险、社会救助、社会优抚以及社会福利等。现代社会保障制度是维护社会公平与平稳发展的根本，社会保障将每位公民的生存权与发展权放在首位，可以保障公民享受健康、教育和最低生活保障的权利，使其在同一公平起点参加社会竞争。只要是在法律规定的范围内，任何公民都有权利和机会享受社会保障制度，所以这一制度对于每个人来说都是公平的。同时，社会保障制度可以通过收入再分配的功能对社会进行一定程度上的调节，可以在很大程度上减少社会之间的差异，缓解社会中的矛盾，这有利于社会的稳定发展。

第一节　我国基本社会保障服务的发展历程

社会保障制度是现代国家最重要的社会经济制度之一，是社会进步与社会文明的重要标志，如果没有健全的社会保障体系，没有与当前我国经济社会发展相适应的社会保障制度，就不可能有经济的长久发展和社会的和谐稳定。建立健全与经济社会发展水平相适应的社会保障体系，既是经济社会协调发展的必然要求，也是社会稳定和国家长治久安的重要保证。我国社会保障制度的建立与发展过程非常曲折，但是70多年来的发展与实践证明了它对我国经济与社会的稳定发展起到了不可替代、不可磨灭的作用。一方面，社会保障制度有效地维护了国家的稳定、社会秩序的稳定。另一方面，社会保障制度有力地促进了我国社会经济的发展进步。在我国改革发展进程中，社会保障始终是事关全局和亿万人民切身利益的重要制度。

我们通过梳理自新中国成立以来我国社会保障制度的发展脉络，将其分为主要的五个阶段：第一阶段，从新中国成立初期到改革开放前，我国社会保障制度与计划经济体制相适应，初步确立了我国社会保障制度的总体框架，为人民提供了社会保障，提高了人民的生活水平。第二阶段，在改革开放初期到1990年这一时期，我国打破了传统的国家保障制度，开始逐步建立起以社会救助、社会保险和社会福利为主体的现代社会保障体系，并且不断尝试扩大社会保障改革范畴。第三阶段，1991年至2000年这10年间，我国社会保障制度处于不断探索的形成期，社会保险型社会保障制度初见成效，全国已经初步建立起了社会保障制度，人民的健康水平在社会保障的制度下得到显著提升。第四阶段，2001年到2006年这一阶段，随着社会主义经济体制改革的不断深入，社会保障制度超越了以国有经济为主体的改革模式，开始逐步走向社会化，建立了独立于企事业单位之外的社会保障制度。第五阶段，2006年至今，政府开始加快对社会保障体系的建设，初步建立了多层次社会保障体系，社会保障法制化建设日益完善。

一、我国社会保障制度发展萌芽期（1949—1978年）

新中国成立初期，面临许多严重困难和紧迫问题，自然灾害频发，城镇的失业工人占据全国在职员工的一半。面对如此紧急的状况，如何帮助受灾人员以及失业工人摆脱困境，如何改善我国人民的生活水平，成为新中国的首要任务。1949年至1956年，我国正处于经济建设时期，在这一时期确立了我国社会保障制度的总体框架，颁布和实施了军人社会保障、社会救助、社会保险、医疗卫生、农村社会保障等一系列法律法规政策。在社会救助方面，1949年12月19日，政务院发布《关于生产救灾的指示》，成立了中央救灾委员会，组织全国性的救灾工作，缓解了受灾公民的困境。1950年6月17日，政务院发布《关于救济失业工人的指示》，劳动部1950年7月1日公布《救济失业工人暂行办法》，从一定程度上解决了新中国失业工人面临的难题。在社会保险方面，1951年2月26日，政务院颁布《中华人民共和国劳动保险条例》，经1953年、1956年两次修订后全面确立了适用于城镇职工的劳动保险制度，实施范围包括城镇机关、事业单位之外的所有企业和职工，《中华人民共和国劳动保险条例》成为新中国社会保障制度中最重要的一项制度。在医疗保障方面，1952年6月27日，政务院颁布《关于全国各级人民政府、党派、团体及所属事业单位的国家工作人员实行公费医疗预防的指示》，确立了公费医疗制度。在农村社会保障方面，确立了面向乡村孤老残幼的"五保"制度。1956年6月30日，第一届全国人民代表大会第三次会议审议通过《高级农业合作社示范章程》，为农村社会保障制度建设奠定了基础。

1958—1976年，新中国经历了"大跃进"运动以及"文化大革命"的内乱，受其影响，我国对社会保障制度作了一定的调整，保障内容发生了一些变化。经全国人大常委会批准，国务院于1957年11月和1958年3月颁布《关于工人、职员退休处理的暂行规定》《关于工人、职员退职处理的暂行规定（草案）》等法规，企业职工的退休养老成为一项独立的制度安排。1962年2月，国务院颁布《关于精简职工安置办法的若干规定》等文件，开始普遍建立县、乡、村三级医疗保健网，合作医疗制度在广大乡村确立。卫生部、劳动部、内务部等也发文规定，对公费医疗、劳保医疗、农村“五保户”保障和军属优待等制度作出调整，军人的退休制度得以确立。

在这一时期，我国社会保障制度的显著特征是“国家-单位”保障制，它与新中国的发展趋势相契合，与社会主义公有制紧密结合，虽然由于财力相对薄弱的劣势而选择了城乡有别的方式，但是社会保障制度的覆盖范围极广，城镇居民的保障制度被完全覆盖，而农村居民则由集体经济支撑建立了互助性质的初级保障体系，人民群众的生活水平由于社会保障制度得到了提高，并且能够深刻感受到社会主义制度的优越性。

二、我国社会保障制度初始期（1979—1990 年）

改革开放初期，我国社会主义市场经济体制还没有完全建立，国民经济总体水平还处于恢复与调整中，社会保障制度的典型特征是“企业保险”，并且以国家为主体的社会救助与社会福利事业作为主要内容，其主要目的是解决前一阶段所留下的问题以及恢复养老保障制度。这个阶段我国的社会保障制度由国家保障、城镇单位保障、农村集体保障三大板块构成，改革措施上积极促进“企业保险”向“社会保险”的转变。

1984年开始，我国开始尝试养老保险费用的社会统筹，其主要目的是还原社会养老保险的基本职能，并在各地开始实行退休人员的养老金的社会统筹，保障退休人员的合法权益，还原社会养老保险的基本职能。1986年，我国率先实现了全国市、县一级养老保险费的社会统筹，进一步推进了省级养老保险工作的社会统筹，逐步实现了养老保险的系统统筹。1986年的“七五”计划中首次正式提出了社会保障的概念，提出了要建立形式丰富、项目不同以及标准和以往有所差别的新社会保障制度概念，形成了以社会救助、社会保险和社会福利为主要建设目标的现代社会保障制度的初始框架。1990年中共十三届三中全会召开，通过了“国民经济和社会发展十年规划”以及“八五计划建议”中所提出的建立针对农村的社会保障制度，并且提议进行医疗保障与工伤保险制度的改革。

与此同时，中共十四大会议的召开提出实现社会主义现代化建设“三步走”的第二步重要战略目标，即从1991年到20世纪末，国民生产总值再翻一番，人民生活达到小康水平。实现这一目标的重要节点则在于贫困地区能否尽快脱贫致富，社会保障制度的不断完善推动了这一目标的完成。1986—1992年，我国推出了以国有企业与职工为中心的社会保险改革试点，使城镇社会保障改革目标逐步呈现出片面的特点，正是这种片面化造成了社会保障制度改革和经济改革与社会发展需要之间的矛盾。这一阶段的社会保障改革将重点放在为国有企业改革配套和贫困地区的乡村脱贫问题上，打破了传统的国家保障制度，开始逐步建立起以社会救助、社会保险和社会福利为主体的现代社会保障体系。国家在这一阶段提出了适应现代社会发展的社会保障社会化原则，并通过中央政府对其新政策进行推动，开始实行个人承担缴费责任，并且计划进一步将住房和社会保障制度纳入改革范畴。

三、我国社会保障制度形成期（1991—2000年）

1991年至2000年这10年是我国社会保障制度不断探索、不断完善的形成期，是我国社会保障制度形成的关键时期。这一时期的主要目标是使社会保障社会化，将国有企业改革放在社会主义市场经济的首位，这一特点越来越多地体现在了社会保障的改革与实践中。这一阶段的改革将养老与医疗保险的改革作为重点内容，体现了为市场经济改革服务的特点。为了适应市场经济体制改革的现实状况，为了促进社会保障的改革与完善，我国在这一阶段推出了一系列相关文件。

1991年6月，国务院发布了《关于企业职工养老保险制度改革的决定》，开始进行职工养老保险结构方面的改革实践。开始确定由国家、企业和职工三方共同筹资养老保险费用，开始正式实行职工按照本人工资的3%进行缴费的政策，确定探索建立国家基本养老保险、企业补充养老保险和个人储蓄性养老保险相结合的多层次养老保险体系。1993年中共中央十四届三中全会通过的《中共中央关于建立社会主义市场经济体制若干问题的决定》正式决定实行社会统筹和个人账户相结合的社会保险制度。1995年3月，国务院发布的《关于深化企业职工养老保险制度改革的通知》具体确定“社会统筹与个人账户相结合”的实施方案，确定“统账结合”是我国城镇企业职工基本养老保险制度改革的方向。1997年7月国务院颁布《关于建立统一的企业职工基本养老保险制度的决定》，确定到2000年，要基本实现统一企业缴纳基本养老保险费比例，统一管理和调度使用基本养老保险基金，对社会保险经办机构实行省级垂直管理。自1998年以来，国务院先后颁布《关于切实做好国有企业下岗职工基本生活保障和再就业工作的通知》（1998）、《关于进一步深化城镇住房制度改革加快住房建设的通知》（1998）、《关于实行企业基本养老保险省级统筹和行业统筹移交地方管理有关问题的通知》（1998）、《关于建立城镇职工基本医疗保险制度的决定》（1998）、《失业保险条例》（1999）、《社会保险费征缴条例》（1999）、《住房公积金管理条例》（1999）、《城市居民最低生活保障条例》（1999）等法规性文件，并成立了全国社会保障基金理事会、劳动和社会保障部。同时，民政部也制定了一批有关社会福利、社会救济方面的法规性文件，全方位指导和鼓励社会保障制度的全面转型。

在这一阶段，社会保险型社会保障制度初见成效，全国已经初步建立起了社会保障制度，失业保险的覆盖面也在逐步扩大，各项防灾救灾工作也对人民的生命财产安全产生了积极作用，农村扶贫工作也取得了相当大的成绩，人民的健康水平在社会保障的制度下得到显著提升。

四、我国社会保障制度成熟期（2001—2006 年）

随着社会主义经济体制改革的不断深入，社会保障制度超越了以国有经济为主体的改革模式，开始逐步走向社会化，建立了独立于企事业单位之外的社会保障制度。新型社会保障制度也明确以筹资多元化和管理服务社会化为目标，在这几年间，国家仍处于社会保障制度的主导地位，但是社会保障的责任分担范围也在持续扩大。

2000年，国务院决定选择辽宁省进行完善城镇社会保障体系试点，颁布了《关于印发完善城镇社会保障体系试点方案的通知》，决定从2001年7月开始在辽宁省进行完善城镇社会保障体系试点工作。2003年，党中央、国务院决定，在黑龙江和吉林两省进行扩大完善城镇社会保障体系试点工作，提出在总结辽宁省试点经验的基础上，通过两省的试点，为完善我国城镇社会保障体系进一步积累经验。2005年12月，国务院发布《关于完善企业职工基本养老保险制度的决定》，2006年试点范围持续扩大，社会保障体系逐步走向成熟化。

2002年，中国政府财政用于社会抚恤、福利和救济支出大幅度增长，增长至372.92亿元，加上行政事业单位职工退休费和各类社会保障的补助支出，2002年，全国社会保障财政支出达到了2636.22亿元，占当年总财政支出的11.95%，同时，当年的社保基金支出已达3471.5亿元，日益增加的社会保险基金支出成为社会保障的重要来源。2005年中央财政用于抗灾救灾的资金89亿元，救助受灾群众9000多万人次，中央和地方财政安排扶贫资金162亿元，农村贫困人口比上年减少245万人。新型农村合作医疗制度试点已扩大到671个县，惠及1.77亿农民。重点优抚对象抚恤补助标准明显提高，中央财政安排优抚事业费74.6亿元，比上年增长90%。截至2006年，我国社会保障体系的覆盖范围在不断增大，各项措施与体系正在不断完善，越来越多的县市建立起了完整的社会救助体系，也加大了对救灾和扶贫的资金投入。这一系列的数据表明我国加大了对社会保障制度改革的投入，我国社会保障制度日渐完善。

五、我国社会保障制度高质量发展期（2006 年—　）

自 2006 年以来，政府开始加快了对社会保障体系的建设，社会保障开始逐步形成多层次体系，逐步实现法制化。2006 年中共十六届六中全会从构建社会主义和谐社会的战略高度，明确提出到 2020 年建立覆盖全民的社会保障体系。2007 年我国召开了中共十七大会议，提出了全面建成小康社会奋斗目标的新要求，并要求加快建立覆盖城乡居民的社会保障体系。这意味着我国社会保障体系步入了一个新阶段。2012 年召开的中共十八大提出了推进城乡社会保障体系建设，我国社会保障体系开始进入高质量发展期。

2006年至今，我国颁布了一系列政策法规推动多层次社会保障体系的完善，在医疗保障方面，2012年8月，国家发展改革委等六部门下发《关于开展城乡居民大病保险工作的指导意见》，确立了“公私合作”的大病保险制度模式。2015年8月2日，国务院办公厅印发《关于全面实施城乡居民大病保险的意见》，进一步加快推进大病保险制度建设，筑牢全民基本医疗保障网底，让更多的人民群众受益。在社会福利方面，民政部印发《关于进一步开展适度普惠型儿童福利制度建设试点工作的通知》，保障了妇女儿童的合法权益。我国后续还在军人社会保障、社会法律建设以及社会保障管理机构方面提出了一系列的社会保障改革政策与方案，不断促进民生的改善，增加人民群众的生活保障和获得感。

近几年我国也在不断加大对社会保障的财政投入力度，在医疗保障方面，居民基本医保人均财政补助标准由240元提高到450元，大病保险制度基本建立，已有1700多万人次受益，异地就医住院费用实现直接结算，分级诊疗和医联体建设加快推进。在养老保险方面，持续合理提高退休人员基本养老金，建立企业职工基本养老保险基金中央调剂制度。在社会福利方面，近6000万低保人员和特困群众基本生活得到保障。建立困难和重度残疾人“两项补贴”制度，惠及2100多万人。

目前我国社会制度正处于高质量发展期，形成了由政府与社会合作共建，政府、社会、个人责任共担的机制，加快了社会保障体系建设，推动民生保障精准化，提高了人民群众的生活幸福感。

第二节　河北省基本社会保障服务的发展现状

一、河北省社会保障总体情况

河北地处华北平原，属于沿海开放地区，是中国经济由东向西梯次推进发展的东部地带。京津冀一体化是李克强总理在2014年3月5日作政府工作报告时指出的方案，目的是加强环渤海及京津冀地区经济协作，实现京津冀协同发展是一个重大国家战略。2017年4月，中共中央、国务院决定设立河北雄安新区。2019年8月，国务院新设中国（河北）自由贸易试验区。截至2020年6月，河北省下辖11个地级市，共有49个市辖区、21个县级市、91个县、6个自治县。河北省在确保经济快速发展的同时，也积极对社会保障制度进行探索和实践，在社会保障的各个领域也取得了显著的成效。

1993年，党的十四届三中全会通过了《中共中央关于建立社会主义市场经济体制若干问题的决定》，将建立社会保障制度作为社会主义市场经济基本框架的五个组成部分之一，并明确了社会保障体系的内容、目标和任务。至此，社会保障制度改革开始全面推开，改革的重点主要是对基本养老、医疗、工伤和失业保险等制度进行创新。河北省也开始积极探索社会保障领域的制度创新。

1.养老保险方面

1996年，河北省出台《河北省职工养老金制度改革实施方案》，规定河北省职工养老金实行社会统筹与个人账户结合的“统账结合模式”，并规定社会统筹部分实行现收现付制，个人账户实行部分积累制。2009年河北省开始进行新农保试点工作，而随着2010年《中华人民共和国社会保险法》的颁布，河北省的社会养老保险进入了有法保障、全面覆盖、规范发展的新阶段。2012年，河北省将新农保与城镇居民养老保险合并为城乡居民养老保险。2015年，机关事业单位养老保险制度开始改革并轨，实行社会统筹与个人账户相结合的模式，由政府、工作单位及个人按一定比例共同缴纳保险费。同时，为机关事业单位的工作人员建立职业年金。

2.医疗保险方面

医疗保障是基本的民生工程，医疗保障制度改革发展是做好民生工程的关键途径。自改革开放以来，我国的医疗保障体系建设得到快速发展。从1998年出台《关于建立城镇职工基本医疗保险制度的决定》，到2016年提出整合建立举世瞩目的最大医保体系“城乡居民医保”，要求做到实现全民覆盖，我国在短短十多年就取得了许多国家经历几十年甚至更长时间才能实现的成就。特别是党的十八大以来，伴随着我国医疗保险制度改革的不断深化和政府财政投入力度的不断增强，医疗保障事业步入了全面发展的快速阶段，全民医保的目标基本实现。2016年1月3日国务院印发《关于整合城乡居民基本医疗保险制度的意见》，提出将城乡居民基本医疗保险和新型农村合作医疗两项制度进行整合，建立统一的城乡居民基本医疗保险制度。2017年1月1日河北省政府出台《关于整合城乡居民基本医疗保险制度的实施意见》，明确整合城乡居民医疗保险制度将做到“六个统一”：统一覆盖范围，统一筹资政策，统一保障待遇，统一医保目录，统一定点管理，统一基金管理。城乡居民医疗保险制度覆盖包括现有城镇居民医保和新农合所有应参保（合）人员，且城乡居民所缴纳的参保费一致，城乡居民参保个人缴费不低于150元。截至2017年年末，河北省已经将城镇职工、城镇非从业居民、农村居民纳入了社会医疗保险制度。截至2019年12月底，河北省基本医疗保险参保人数达6937.3万人，比2018年增加3万人。京津冀医疗保障协同发展持续深化，将京津18家优质特色医院纳入河北省医保定点。

3.工伤保险方面

1953年1月，劳动部制定了《劳动保险条例实施细则》，其中对工伤保险等问题作了较为详细的规定，同期还颁布了全国总工会制定的有关管理章程、卫生部制定的职业病名单和管理规定等一系列配套规章。《劳动保险条例》是我国国民经济恢复时期和社会主义改造时期制定的一部保护劳动者权益的行政法规。自该条例规定并实施以来，对于保障企业职工权益、安定社会和促进经济发展均起到了积极作用。1996年8月，劳动部发布了《企业职工工伤保险试行办法》，同年 3 月，国家技术监督局颁布了《职工工伤与职业病致残程度鉴定》，这标志着我国对多年沿用的旧的工伤保险制度开始了一次全面的改革。2004 年 1 月 1 日，《工伤保险条例》施行，标志着工伤保险制度改革进入了一个崭新的发展阶段。河北省积极响应国家的号召，于 2004 年 11 月 19 日公布《河北省工伤保险实施办法》，自 2005 年 1 月 1 日施行。随着经济社会的发展，《河北省工伤保险实施办法》经 2011 年 12 月 28 日河北省人民政府第 99 次常务会议通过，2011 年 12 月 31 日河北省人民政府令〔2011〕第 21 号公布。该办法分总则、工伤保险基金、工伤认定、劳动能力鉴定、工伤保险待遇、监督管理、法律责任、附则 8 章 46 条，自 2012 年 3 月 1 日起施行。2004 年河北省人民政府公布的《河北省工伤保险实施办法》予以废止。

二、河北省社会保障发展现状

（一）社会保障事业从业人员情况

1.社会保障事业从业人员数量变化

人力资源是开展社会保障服务的前提基础，社会保障事业的从业人员数量的变化能够从一定程度上反映政府对社会保障事业的重视程度，足够的从业人员数量是能够提供给公众良好服务保证的基础。我们从河北省统计年鉴获取的数据中发现，在统计数据时河北省将公共管理、社会保障和社会组织的就业人数放到一起统计。因此，我们按照河北省统计年鉴的数据进行分析，用该指标代表社会保障事业的从业人员数量。2015—2019 年河北省社会保障事业从业人员数量呈不断上涨趋势，从 2015 年的 863273 人，增长到 2019 年的 992356 人，增加了 129083 人，增幅为 14.95%，具体情况如图 7-1 所示。

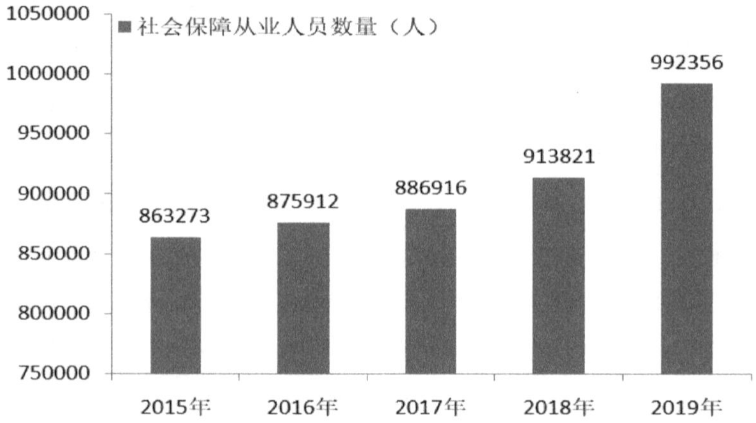

图 7-1　2015—2019 年河北省社会保障从业人员数量

2.社会保障事业从业人员工资数额变化

社会保障从业人员平均年工资总额是社会保障从业人员的价值体现，从一定程度反映了各级政府对社会保障服务业的重视程度，较高的工资保障也能从一定程度减少该行业人员的流动，提高稳定性和服务水平。2015—2019 年，河北省社会保障事业从业人员年平均工资总额呈不断上涨趋势，从 2015 年的 48649 元，增长到 2019 年的 68334 元，增加了 19685 元，增幅为 40.46%，具体情况如图 7-2 所示。

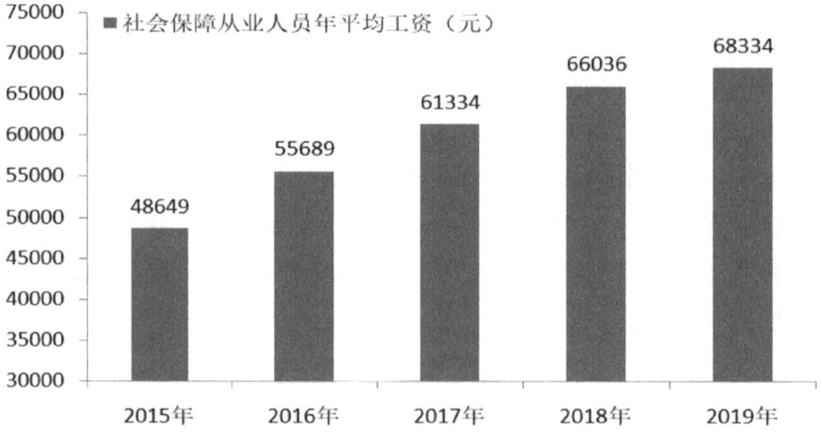

图 7-2　2015—2019 年河北省社会保障从业人员年平均工资

（二）社会保障和就业预算支出情况

社会保障支出，是用于社会保障制度的运作，为居民的最低生活水准提供保障的一种支出形式。它是调节分配关系、减缓收入和财产差距、保障社会公平、维护社会安定的一种手段。河北省统计年鉴将社会保障和就业支出放到一起统计，我们可以通过表 7-1 发现，近几年，河北省不断加大社会保障和就业的公共预算支出，从 2015 年的 763.68 亿元，增长到 2019 年的 1227.95 亿元，增加了 464.27 亿元，增幅为 60.79%。此外，社会保障和就业预算支出占一般公共预算支出的比重也呈增长态势，从 2015 年的 13.56%增加到 2019 年的 14.78%。

表 7-1 社会保障和就业预算支出情况

单位：亿元

项目	2015 年		2018 年		2019 年	
社会保障和就业支出	金额	比重（%）	金额	比重（%）	金额	比重（%）
	763.68	13.56	1137.84	14.73	1227.95	14.78

资料来源：《河北统计年鉴 2020》

（三）社会保险参保情况

近年来，河北省不断加大对社会保险的投入力度，扩大社会保险的覆盖面，通过表 7-2 不难发现，河北省近五年来，基本养老保险、失业保险以及工伤保险的参保人数逐年上升。基本养老保险的参保人数从 2015 年的 4760.80 万人，增长到 2019 年的 5178.61 万人，增加了 417.81 万人，增幅为 8.78%。失业保险的参保人数从 2015 年的 510.98 万人，增长到 2019 年的 554.10 万人，增加了 43.12 万人，增幅为 8.44%。工伤保险的参保人数从 2015 年的 809.72 万人，增长到 2019 年的 951.44 万人，增加了 141.72 万人，增幅为 17.50%。

表 7-2 社会保险基本情况

单位：万人

项目	2015 年	2016 年	2017 年	2018 年	2019 年
基本养老保险年末参保人数	4760.80		4963.37	5062.12	5178.61
失业保险年末参保人数	510.98	515.88	529.72	546.00	554.10
工伤保险年末参保人数	809.72	840.04	860.66	880.34	951.44

资料来源：《河北统计年鉴 2020》

第三节　基本社会保障服务均等化测量指标体系的构建

社会保障的本质是追求公平，责任主体是国家或政府，目标是满足公民基本生活水平的需要，同时必须以立法或法律为依据。社会保障这一概念的首次公开使用是在美国 1935 年颁布的《社会保障法案》中，随后在不同场合和文件中得到大范围使用。现代意义上的社会保障制度是工业化的产物，以 19 世纪 80 年代德国俾斯麦政府颁布并实施的一系列社会保险法令为标志，经历了发展、成熟、完善、改革等不同时期，各国根据各自的政治、经济和人口、环境等因素，形成了各具特色的社会保障制度模式。中国社会保障制度主要包括社会保险、社会救助、社会优抚和社会福利等内容。社会保障服务是指政府及其所属社会保障组织，依照法律对其社会成员提供现金福利或实物福利，或以税收减免等优惠政策提供财政资助来满足他们的基本生活需要的价值转移活动。

对基本社会保障服务水平进行有效测度的关键就是要选择科学合理的指标体系。本书结合以往学者的研究，在借鉴西奥多•H. 波伊斯特的“投入-过程-产出-效果”模型基础上，将基本社会保障服务均等化测量指标体系分为投入指标、保障指标、产出指标和效果指标四个方面，每项指标反映基本社会保障服务的不同方面。投入指标反映基本社会保障的资金投入力度，是社会保障得以实施的基本要素；保障指标反映社会保障服务得以实现的人力资源保障；产出指标反映基本社会保障资源投入转化的服务能力状况；效果指标则反映基本社会保障资源投入和服务供给所达到的实际效果和惠及程度。基本社会保障服务均等化测量指标体系如表 7-3 所示，各指标说明如下。

表 7-3　基本社会保障服务均等化水平评价指标体系

总目标	一级指标	二级指标
社会保障服务均等化水平	投入	人均社会保障和就业预算支出（元）
		社会保障和就业经费占公共预算支出比重（%）
	保障	每万人拥有的社会保障从业人员数（人）
		社会保障从业人员平均年工资总额（万元）

（续表）

总目标	一级指标	二级指标
社会保障服务均等化水平	产出	基本医疗保险基金支出水平
		基本生育保险基金支出水平
		基本失业保险基金支出水平
	效果	基本医疗保险参保率（%）
		基本养老保险参保率（%）

资料来源：根据笔者调查研究整理

第一，投入指标。基本社会保障服务均等化投入指标由“人均社会保障和就业预算支出”和“社会保障和就业经费占公共预算支出比重”两个指标构成。河北省统计年鉴中将社会保障和就业两个部分放到一起进行统计，无法单独获取社会保障部分的数据，因此本书根据数据的可获得性，将社会保障与就业部分的经费放到了一起进行分析讨论，该指标在一定程度上也能反映出社会保障的投入力度。人均社会保障和就业预算支出反映每个社会成员社会保障和就业的经费投入水平，由年度社会保障及就业经费除以人口总数获得。社会保障和就业经费占公共预算支出比重反映各级政府对社会保障的重视程度，由一般公共预算经费支出中社会保障和就业经费支出除以总的一般公共预算支出获得。

第二，保障指标。基本社会保障服务均等化保障指标由“每万人拥有的社会保障从业人员数”和“社会保障从业人员平均年工资总额”构成。我们从河北省统计年鉴获取的数据中发现，在统计数据时河北省将公共管理、社会保障和社会组织的就业人数放到一起统计。因此，我们按照河北省统计年鉴的数据进行分析，用该指标代表社会保障事业的从业人员数量。每万人拥有的社会保障从业人员数指标反映社会保障的人力投入水平，该项指标由社会保障服务人员从业总数除以总人口数再乘以 10000 获得，该数值越大，说明社会保障人力投入越多。社会保障从业人员平均年工资总额由社会保障服务人员年工资总额除以社会保障总从业人员数获得，是社会保障从业人员的价值体现，社会保障从业人员平均年工资水平越高，说明政府对社会保障服务业的重视程度越高。

第三，产出指标。基本社会保障服务均等化产出指标侧重反映居民社会保障的资金供给情况，社会保障经费支出数额越大，说明基本社会保障产出水平越高。基本社会保障服务均等化产出指标由“基本医疗保险基金支出水平”“基本生育保险基金支出水平”以及“基本失业保险基金支出水平”三者构成。基本医疗保险基金支出水平由城镇医疗保险基金数额除以参保人数获得，数额越大，说明医疗保险基金支出水平越高；基本生育保险基金支出水平由城镇生育保险基金数额除以参保人数获得，数额越大，说明生育保险基金支出水平越高；基本失业保险基金支出水平由城镇失业保险基金数额除以参保人数获得，数额越大，说明失业保险基金支出水平越高。

第四，效果指标。基本公共教育服务均等化效果指标主要反映各类社会保险的覆盖率，由“基本医疗保险参保率”和“基本养老保险参保率”构成。基本医疗保险参保率，用城镇医疗保险参保人数除以该地区人口总数获得，反映城镇地区基本医疗保险的惠及范围。基本养老保险参保率，用城镇养老保险参保人数除以该地区人口总数获得，反映城镇地区基本养老保险的惠及范围。

第四节　河北省各城市基本社会保障服务均等化水平测量

本节从“投入-保障-产出-效果”四个维度对河北省各城市社会保障服务均等化水平进行了测量，相关数据均来源于《河北统计年鉴 2020》。

一、各城市基本社会保障服务均等化投入指标分析

首先，总体来看，由图7-3和图7-4可知，河北省各城市基本社会保障服务投入水平虽存在差距，但仍相对平均，各城市基本社会保障服务均等化投入指标得分与河北省平均水平呈现较明显的线性分布，主要集中在

180～220分。其中，超过全省平均水平的城市有4个，分别为张家口市、唐山市、承德市和秦皇岛市，约占总数的36. 36%。其中，张家口市在基本社会保障投入方面的得分最高，为273. 63分，远远超过其他城市，反映张家口市在该方面政府扶持力度较大。在投入总得分均低于全省平均水平的7个城市中，只有邢台市得分相对较低，其他城市与平均水平相差较少，反映各城市在社会保障投入方面相对均衡。邢台市得分为168. 20分，与最高分的张家口市相差超过100分，说明个别城市之间仍然存在着较大差异，邢台市后期要在社会保障投入力度上下功夫，增加社会保障和就业的预算支出比重。

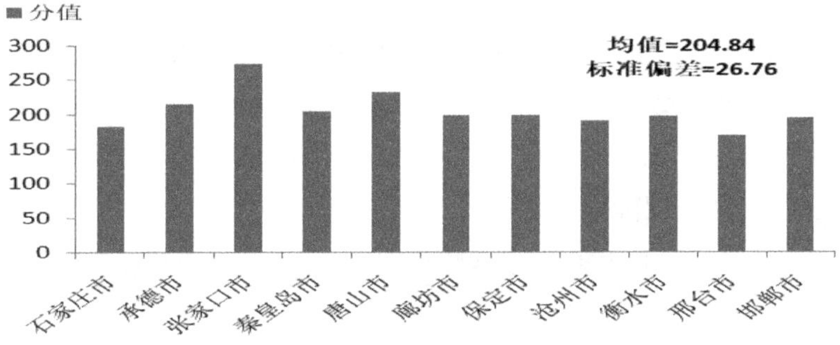

图 7-3　各城市基本社会保障服务均等化投入指标分值分布柱状图

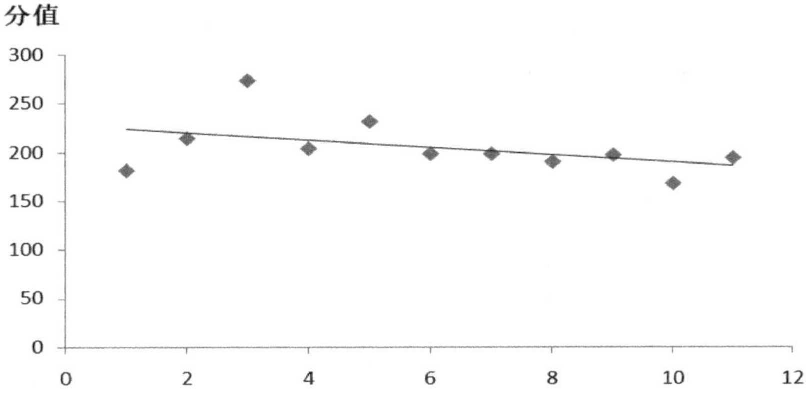

图 7-4　各城市基本社会保障服务均等化投入指标分值分布趋势图

其次，从各二级指标来看（见表 7-4），在人均社会保障和就业预算支出方面，全省共有 5 个城市高于全省平均水平，分别是张家口市、唐山市、承德市、廊坊市和秦皇岛市，其中张家口市的分值最高，为 163. 41 分。其余 6 个城市的得分均低于河北省平均水平，但是除邢台市外，其他 5 个城市与平均值差距不大，得分均在 85 分以上，反映在人均社会保障和就业预算支出方面，河北省均等化情况较好。在社会保障和就业经费占公共预算支出比重方面，全省共有 5 个城市高于平均水平，分别是唐山市、保定市、张家口市、邯郸市和衡水市，唐山市最高分 111. 71 分，优势不明显，其他低于全省平均水平的 6 个城市中，廊坊市得分最低为 82. 89 分，与平均值差距不显著，反映河北省在社会保障和就业经费占公共预算支出比重方面，均等化情况较好。值得注意的是，石家庄市作为河北省的省会，不论从人均社会保障和就业预算支出还是社会保障和就业经费占公共预算支出比重方面表现均欠佳，说明石家庄市在社会保障投入方面还需要加大资金支出比例，应提高社会保障投入水平。

表 7-4　各城市基本社会保障服务均等化投入指标分值统计表

地区	人均社会保障和就业预算支出（元）	分值	排名	社会保障和就业经费占公共预算支出比重（%）	分值	排名	投入指标分值	排名
全省	1122.05	100		12.04	100		200	
石家庄市	1030.95	91.88	8	10.82	89.87	10	181.75	10
承德市	1343.09	119.70	3	11.41	94.77	8	214.47	3
张家口市	1833.49	163.41	1	13.27	110.22	3	273.63	1
秦皇岛市	1191.55	106.19	5	11.79	97.92	6	204.11	4
唐山市	1346.89	120.04	2	13.45	111.71	1	231.75	2
廊坊市	1298.07	115.69	4	9.98	82.89	11	198.58	5
保定市	987.79	88.03	9	13.31	110.55	2	198.58	6
沧州市	1055.40	94.06	7	11.60	96.35	7	190.41	9
衡水市	1075.27	95.83	6	12.23	101.58	5	197.41	7

（续表）

地区	人均社会保障和就业预算支出（元）	分值	排名	社会保障和就业经费占公共预算支出比重（%）	分值	排名	投入指标分值	排名
邢台市	837.99	74.68	11	11.26	93.52	9	168.20	11
邯郸市	957.74	85.36	10	13.12	108.97	4	194.33	8

二、各城市基本社会保障服务均等化保障指标分析

首先，总体来看，由图 7-5 和图 7-6 可知，河北省各城市基本社会保障服务保障水平虽存在差距，但仍相对平均，各城市基本社会保障服务均等化保障指标得分与河北省平均水平呈现较明显的线性分布，主要集中在 180～220 分。其中，超过全省平均水平的城市有 7 个，约占总数的 63.64%。其中，张家口市在社会保障服务保障方面成效显著，得分为 266.17 分。在得分低于全省平均水平的 4 个城市中，保定市的得分最低，为 172.07 分，虽与平均分相差不大，但和最高分的张家口市相差将近 100 分，说明在社会保障服务保障方面个别城市之间仍旧存在较大差距，在均等化建设方面个别城市还需要加强保障力度。

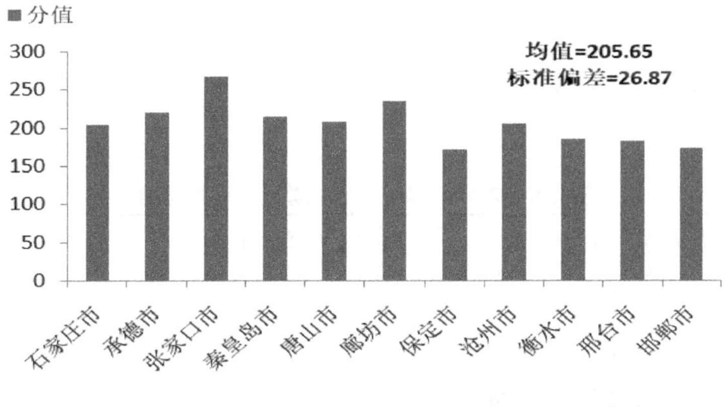

图 7-5 各城市基本社会保障服务均等化保障指标分值分布柱状图

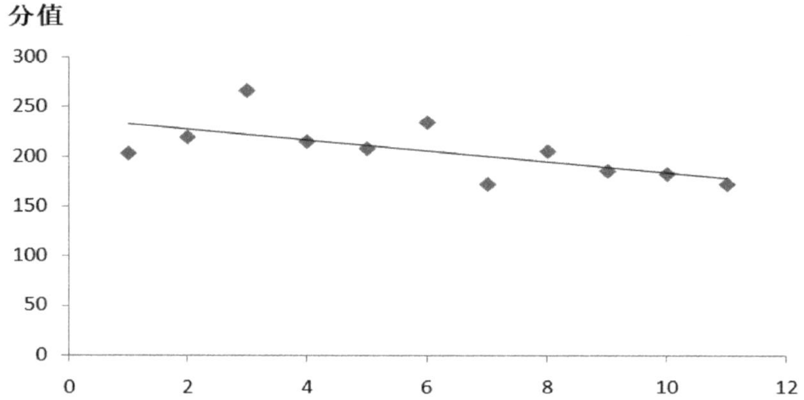

图 7-6　各城市基本社会保障服务均等化保障指标分值分布趋势图

其次，从各二级指标来看（见表7-5），在每万人拥有的社会保障从业人员数量方面，全省有5个城市高于全省平均水平，分别是张家口市、承德市、廊坊市、秦皇岛市和唐山市，占比约为45. 45%。其中，张家口市表现最好，得分为166. 61分，说明张家口市在社会保障人员投入方面远远优于其他城市。得分低于全省平均水平的6个城市中，保定市的得分最低，为82. 47分，与平均分相差不大，反映在社会保障从业人员数量方面，河北省均等化情况相对较好。在社会保障从业人员平均年工资总额方面，全省共有5个城市高于全省平均水平，分别是廊坊市、沧州市、石家庄市、秦皇岛市和唐山市，其中廊坊市的分值最高，为120. 06分，优势不显著。低于全省平均水平的6个城市中，邯郸市的分值最低，为86. 09分，与平均分相差不大，说明在社会保障从业人员平均年工资总额方面，河北省的整体情况相差不大，均等化情况较好。

表 7-5　各城市基本社会保障服务均等化保障指标分值统计表

地区	每万人拥有的社会保障从业人员数（人）	分值	排名	社会保障从业人员平均年工资总额（万元）	分值	排名	保障指标分值	排名
全省	129.23	100		6.83	100		200	
石家庄市	122.28	94.62	7	7.40	108.35	3	202.97	7
承德市	164.90	127.60	2	6.25	91.51	9	219.11	3

（续表）

地区	每万人拥有的社会保障从业人员数（人）	分值	排名	社会保障从业人员平均年工资总额（万元）	分值	排名	保障指标分值	排名
张家口市	215.31	166.61	1	6.80	99.56	6	266.17	1
秦皇岛市	141.25	109.30	4	7.21	105.56	4	214.86	4
唐山市	132.88	102.82	5	7.17	104.98	5	207.80	5
廊坊市	147.41	114.07	3	8.20	120.06	1	234.13	2
保定市	106.57	82.47	11	6.12	89.60	10	172.07	11
沧州市	123.82	95.81	6	7.46	109.22	2	205.03	6
衡水市	119.75	92.66	8	6.33	92.68	7	185.34	8
邢台市	116.50	90.15	9	6.30	92.24	8	182.39	9
邯郸市	111.44	86.23	10	5.88	86.09	11	172.32	10

三、各城市基本社会保障服务均等化产出指标分析

首先，需要说明的是，因邯郸市在个别数据上存在缺失，故在整体评价时将邯郸市剔除。总体来看，由图 7-7 和图 7-8 可知，河北省各城市基本社会保障服务产出水平存在明显差异。其中，超过全省平均水平的城市有 6 个，分别为承德市、唐山市、沧州市、石家庄市、保定市和秦皇岛市，并且承德市和唐山市的得分相对较高，分别为 365. 14 分和 359. 30 分，反映这两个城市在社会保障基金支出水平方面成效显著。其他 4 个城市的得分均低于河北省平均水平，其中邢台市和廊坊市两个城市的得分相对较低，廊坊市的分数最低，为 190. 57 分，与最高分的承德市相比差 174. 57 分，说明在社会保障服务产出方面个别城市之间存在较大差距，得分较低的城市要在后续加大社会保障的基金支出水平，更好地保障居民的基本需求。

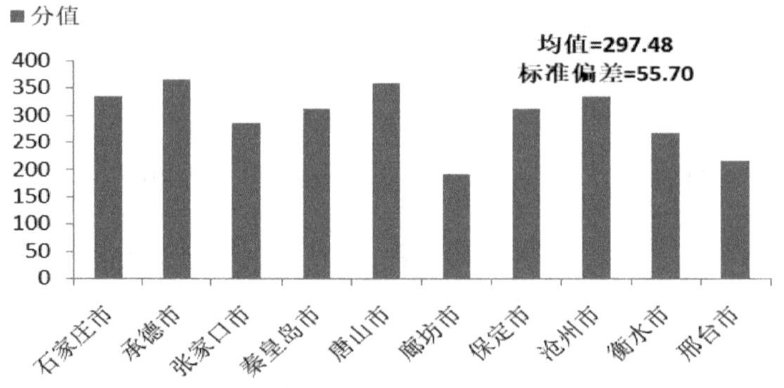

图 7-7 各城市基本社会保障服务均等化产出指标分值分布柱状图

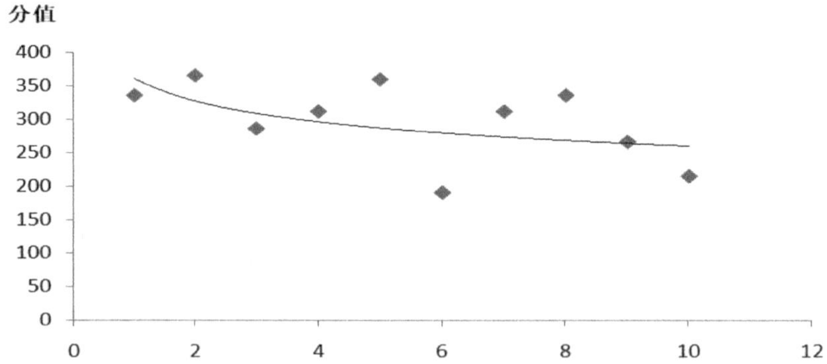

图 7-8 各城市基本社会保障服务均等化产出指标分值分布趋势图

其次，从各二级指标来看（见表7-6），在基本医疗保险基金支出水平方面，全省有6个城市高于全省平均水平，分别是秦皇岛市、唐山市、承德市、张家口市、石家庄市和廊坊市，得分最高的秦皇岛市为125. 09分。低于全省平均水平的城市共有5个，得分最低的城市为衡水市，为75. 48分，相差并不十分显著，反映在基本医疗保险基金支出水平方面，河北省均等化程度相对较好。在基本生育保险基金支出水平方面，因邯郸市数据缺失，故未将邯郸市作为分析对象。全省共有5个城市高于全省平均水平，分别是沧州市、承德市、石家庄市、唐山市和衡水市，最高分为沧州市，为163. 96分，优势比较显著，反映出沧州市在基本生育保险基金支出方面成效显著。在其他得分低于全省平均水平的5个城市中，我们可以看到廊坊市和邢台市的得分特别低，分别为23.02分和12.72分，反映在基本生育保险基金支出方面这两个城市存在较大差距，应该在后续挖掘原因，提高基本生育保险基金支出水平，同时也反映河北省在基本生育保险基金支出方面发展不均衡。在基本失业保险基金支出水平方面，全省共有6个城市高于全省平均水平，分别是邢台市、保定市、唐山市、承德市、张家口市和秦皇岛市，其中邢台市的分值最高，为125.70分，与其他城市相比差距并不显著。得分低于全省平均水平的5个城市中，廊坊市的得分最低，为55.70分，说明廊坊市在基本失业保险基金支出方面有待加强。就整体而言，除个别城市存在较大差距外，河北省基本社会保障服务产出方面整体情况相对均衡。

表 7-6　各城市基本社会保障服务均等化产出指标分值统计表

地区	基本医疗保险基金支出水平	分值	排名	基本生育保险基金支出水平	分值	排名	基本失业保险基金支出水平	分值	排名	产出指标分值	排名
全省	1151.52	100		302.99	100		449.94	100		300	
石家庄市	1315.22	114.22	5	376.78	124.35	3	434.13	96.49	7	335.06	4
承德市	1345.83	116.87	3	436.14	143.95	2	469.37	104.32	4	365.14	1
张家口市	1329.23	115.43	4	203.49	67.16	8	463.66	103.05	5	285.64	7
秦皇岛市	1440.43	125.09	1	256.96	84.81	7	457.06	101.58	6	311.48	6
唐山市	1433.36	124.48	2	362.38	119.60	4	518.44	115.22	3	359.30	2
廊坊市	1288.01	111.85	6	69.74	23.02	9	250.61	55.70	11	190.57	10
保定市	1012.37	87.92	8	300.75	99.26	6	559.33	124.31	2	311.49	5
沧州市	1066.40	92.61	7	496.79	163.96	1	354.33	78.75	9	335.32	3
衡水市	869.11	75.48	11	340.91	112.52	5	350.60	77.92	10	265.92	8
邢台市	880.12	76.43	10	38.54	12.72	10	565.57	125.70	1	214.85	9
邯郸市	1000.98	86.93	9	—	—		389.89	86.65	8	—	

四、各城市基本社会保障服务均等化效果指标分析

首先，总体来看，由图7-9和图7-10可知，河北省各城市基本社会保障服

务效果水平差异并不显著，分数全部集中在175～220分之间，各城市基本社会保障服务均等化效果指标得分与河北省平均水平呈现较明显的线性分布。其中，超过全省平均水平的城市有8个，约占总数的72. 73%。其中，承德市在基本社会保障服务效果方面得分最高为219. 05分，与其他城市相比差距并不显著。在得分低于全省平均水平的3个城市中，保定市的得分最低为176. 85分，与河北省平均水平相比差距不明显，说明在基本社会保障服务效果方面河北省均等化发展情况较好。

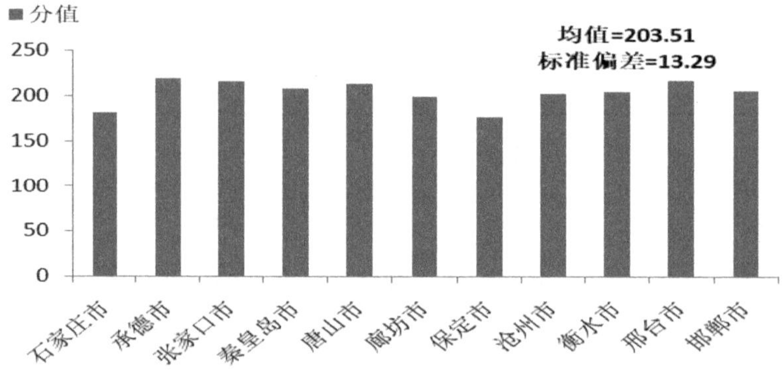

图 7-9　各城市基本社会保障服务均等化效果指标分值分布柱状图

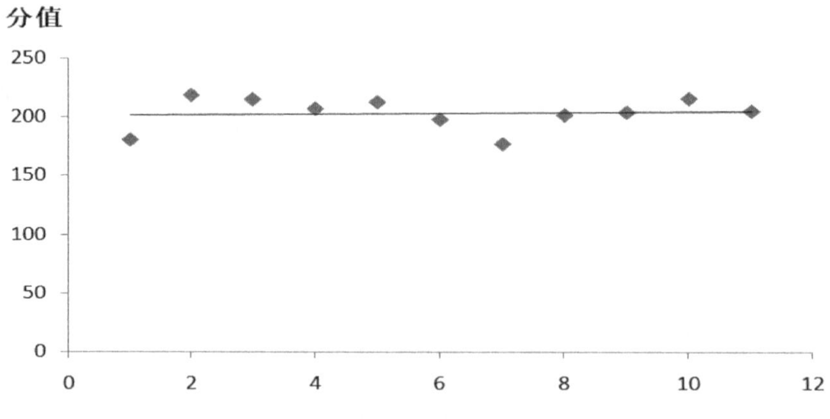

图 7-10　各城市基本社会保障服务均等化效果指标分值分布趋势图

其次，从各二级指标来看（见表 7-7），在基本医疗保险参保率方面，全省共有 7 个城市高于河北省平均水平，分别是邢台市、承德市、邯郸市、张家口市、沧州市、唐山市和衡水市，其中邢台市表现最好，得分为 111.19 分，与其他城市相比优势并不显著。在低于河北省平均分水平的 4 个城市中，保定市得分最低，为 91.13 分，与平均水平差距甚微，说明在基本医疗保险参保率方面，河北省表现较均衡。在基本养老保险参保率方面，全省共有 8 个城市高于全省平均水平，得分最高的唐山市为 111. 92 分，与其他城市相比优势不明显。其他 3 个城市的得分低于全省平均水平，得分最低的保定市为 85. 72 分，与河北省平均水平相比差距并不显著，反映出在基本养老保险参保率方面，河北省各城市表现相对均衡，应继续保持这种均衡发展的态势。

表 7-7　各城市基本社会保障服务均等化效果指标分值统计表

地区	基本医疗保险参保率（%）	分值	排名	基本养老保险参保率（%）	分值	排名	效果指标分值	排名
全省	88.30	100		64.77	100		200	
石家庄市	81.06	91.80	10	57.37	88.57	10	180.37	10
承德市	94.99	107.58	2	72.20	111.47	3	219.05	1
张家口市	91.84	104.01	4	72.23	111.52	2	215.53	3
秦皇岛市	86.94	98.46	8	70.63	109.05	4	207.51	5
唐山市	89.44	101.29	6	72.49	111.92	1	213.21	4
廊坊市	84.42	95.61	9	66.42	102.55	7	198.16	9
保定市	80.47	91.13	11	55.52	85.72	11	176.85	11
沧州市	89.87	101.78	5	64.84	100.11	8	201.89	8
衡水市	89.26	101.09	7	66.82	103.17	6	204.26	7
邢台市	98.18	111.19	1	68.10	105.14	5	216.33	2
邯郸市	93.42	105.80	3	64.54	99.64	9	205.44	6

五、各城市基本社会保障服务均等化总体指标分析

通过以上“投入-保障- 产出-效果”四个部分的分析，我们能够直观地了解河北省各城市基本社会保障服务在各个方面的发展现状和均等化水平。将四个部分的情况汇总到表 7-8 中，可以更清晰地看出在基本社会保障服务发展方面河北省的整体情况。需要说明的是，邯郸市因部分数据缺失，在汇总时，没有将其进行分析对比。并通过图 7-11 和图 7-12 我们可以看到，河

北省基本社会保障服务总分大部分集中在 850～1050 分之间，除个别城市外，分布仍相对集中，各城市基本社会保障服务均等化总体指标得分与河北省平均水平呈现较明显的线性分布，反映河北省基本社会保障服务方面发展相对均衡。共有 6 个城市的总分超过河北省平均水平，分别是张家口市、承德市、唐山市、秦皇岛市、沧州市和石家庄市，其中张家口市的得分最高，为 1040. 97 分，与平均分相差不十分显著。低于河北省平均水平的城市共有 4 个，其中邢台市的得分最低，为 781. 77 分，与最高分相差 259. 2 分，说明在个别城市之间还存在较大差异。

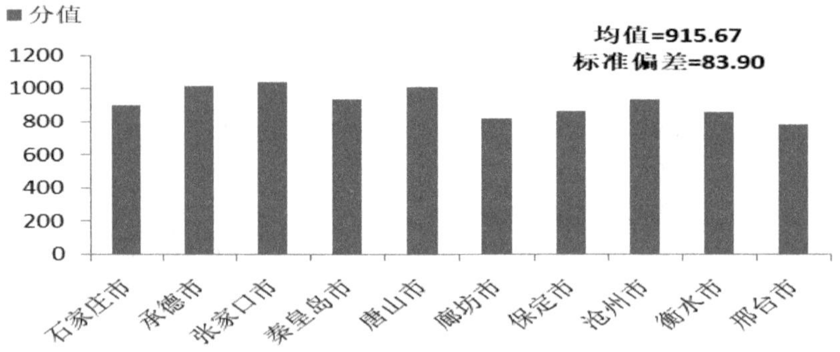

图 7-11　各城市基本社会保障服务均等化总得分分布柱状图

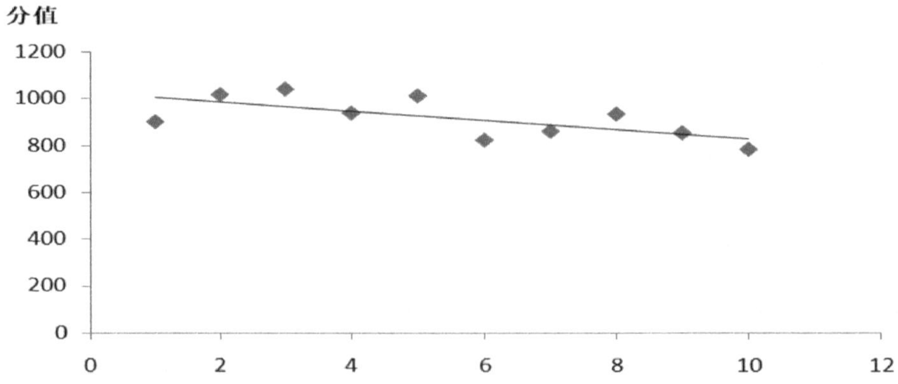

图 7-12　各城市基本社会保障服务均等化总得分分布趋势图

可以通过四个部分的排名了解到张家口市的整体表现强劲，只有在产出指标方面略低于全省平均水平，其他几个方面均位于河北省前列，因此后续应该在产出方面多下功夫，增加社会保障基金的支出水平。石家庄市作为河北省的省会，在投入和效果方面表现均欠佳，说明石家庄市对基本社会保障的资金投入力度不足，而且民众的参保率也有待进一步加强。此外，邢台市虽然总分排在最后，但在效果指标方面却位于河北省第二，充分反映了邢台市的公民参保意识较强，后续应该在社会保障资金投入以及人力资源保障等方面加大倾斜力度，更好地为民众提供高质量的社会保障服务。

表 7-8　各城市基本社会保障服务均等化总体指标统计表

地区	投入指标分值	排名	保障指标分值	排名	产出指标分值	排名	效果指标分值	排名	总分	排名
全省	200		200		300		200		900	
石家庄市	181.75	10	202.97	7	335.06	4	180.37	10	900.15	6
承德市	214.47	3	219.11	3	365.14	1	219.05	1	1017.77	2
张家口市	273.63	1	266.17	1	285.64	7	215.53	3	1040.97	1
秦皇岛市	204.11	4	214.86	4	311.48	6	207.51	5	937.96	4
唐山市	231.75	2	207.80	5	359.30	2	213.21	4	1012.06	3
廊坊市	198.58	5	234.13	2	190.57	10	198.16	9	821.44	9
保定市	198.58	6	172.07	11	311.49	5	176.85	11	858.99	7
沧州市	190.41	9	205.03	6	335.32	3	201.89	8	932.65	5
衡水市	197.41	7	185.34	8	265.92	8	204.26	7	852.93	8
邢台市	168.20	11	182.39	9	214.85	9	216.33	2	781.77	10
邯郸市	194.33	8	172.32	10	—		205.44	6	—	

第八章　推进河北省基本公共服务均等化的对策建议

新形势下实现基本公共服务均等化是切实保障公民基本权利、改善民生、缩小城乡差距、实现社会公平与正义的有效途径。实现基本公共服务均等化是我国经济社会发展的基本取向和标志，是与一定社会经济基础相联系的具体的动态过程，既是科学发展观在社会领域的基本体现，也是构建社会主义和谐社会的内在要求。但是通过上述几章的分析研究，我们不难发现，河北省基本公共服务非均等化的现象在很多领域都普遍存在，如何保障基本公共服务均等化这一目标的真正实现就成了河北省各级政府的重要职责。

第一节　完善基本公共服务均等化的财政保障机制

公共财政在不同层面和程度上影响甚至决定着基本公共服务均等化的实现，财政的公共性是基本公共服务均等化的前提，财政的均衡性是实现基本公共服务均等化的重要推动力量，财政供给的充足程度决定了基本公共服务提升的水平。因此，能否真正实现基本公共服务均等化还依赖于政府的公共财政设计。

我国现阶段正处于加强民生建设和促进社会和谐发展的大环境之下，在这种情况下，河北省应当顺应国家发展的方向，在基本公共服务的建设中重视公共财政的设计，使财政分配更加均衡、合理，提高资金的使用效率，这对于提升河北省公共服务均等化水平具有重要的现实意义。

一、加大政府财政直接投入力度，保障公共服务的基本供给

进入 21 世纪以来，我国经济水平发展迅猛，财政的保障能力也在逐步提高，这为我国公共服务体系的财政投入打下了坚实基础。随着经济的发展，我国对公共服务体系建设的财政投入也在持续增加，这对于公共服务体系的构建与发展具有十分重要的现实意义。但是相较于我国财政对于其他领域资金的投入比重，我国对于公共服务领域的发展重视程度还存在一定差距，这一现状与我国对公共服务的战略部署和大力支持公共服务事业繁荣发展的主张相矛盾。

进入新时代，实现公共服务供给现代化是推进并实现国家治理现代化的重要内容，这就需要加快改革和完善现代财政制度。党的十九届四中全会对推进国家治理体系和治理能力现代化作出了全面部署，明确提出完善公共服务体系、理顺中央和地方权责关系、优化政府间事权和财权划分等财政制度建设的要求。《中共中央 国务院关于新时代加快完善社会主义市场经济体制的意见》中再次强调“加快建立现代财税制度”，并提出了具体要求。财政作为国家治理的基础和重要支柱，不仅要充分保障公共服务供给，更要通过加快建设现代财政制度，全面支撑公共服务供给体系和供给能力的现代化。2021年，国家发展改革委等21个部门发布了《国家基本公共服务标准》，从不同方面、不同层次对我国公共服务事业的发展提出了基本要求，并且明确了各项基本公共服务的保障范围。文件要求各个地区结合实际情况，与国家标准相衔接，评估各地的财政承受能力，并且加强对公共服务的财政投放力度，努力满足公众对于基本公共服务的需求。

河北省应按照《国家基本公共服务标准》的要求，结合自身实际和特点，不断发展和完善基本公共服务的财政制度。河北省政府应制定更加科学合理的财政支出方案，并均衡 11 个城市的财政投入水平，不断探索更加系统化、

科学化的资金投入运营模式，以确保所有的财政支出都能够得到充分利用，进而不断提高基本公共服务的供给水平与能力，以满足公众对基本公共服务的需求。同时，为避免财政投入资金被浪费或者无效使用，应当加强对财政监管机制的建立，尤其在公共设施建设前期，要增加调研走访环节，尽可能多地了解公众的需求，避免建设的公共设施无人问津、形同虚设。随着公共财政力度的增加以及政府对公共服务事业发展的大力支持，河北省基本公共服务的供给水平必将得到长足进步，公众的幸福感和满足感必将得到不断提升，并最终促进社会的和谐发展。

二、均衡地区间基本公共服务的投入水平，缩小地区间差异

通过前几章的数据分析不难发现，河北省 11 个城市的基本公共服务发展水平各不相同，各地区之间的差异也较为明显，这一点在财政投入方面也有比较明显的体现，这和我国一直提倡的基本公共服务均等化领域的财政均衡发展相悖。例如，在人均文化旅游体育与传媒预算支出方面，因张家口市筹办冬奥会，国家在各方面加大投入力度，2019 年对张家口市的文化体育与传媒预算支出高达 249810 万元，其投入水平位列河北省第一，远远高出其他城市，更是财政投入力度最低的邯郸的 6.49 倍。财政投入的极大差异反映了各个地区对基础公共服务体系建设的重视程度，一些地区的轻视则必然导致河北省整体基本公共服务水平发展不均衡。

我国为促进基本公共服务的发展从战略高度提出了一些具体要求，这对于公共服务体系的建设具有十分重要的现实意义。各级政府应当严格执行国家出台的相关政策，提升公共服务的保障力度，使其按照标准化进程演变下去。此外，国家还要考虑并制定出对公共服务领域资金投入的全国统一的最低标准，采取完善政府转移支付的政策手段进一步均衡全国各地基本公共服务的投入水平。在此基础上，加大对公共产品、公共服务等公共性资源的统筹规划与再分配，逐步缩小大、中、小城市之间对公共服务投入的巨大差异，使所有民众能够享受同等条件下的公共服务，最终建立一个人人平等的公共

服务体系，实现最公平、最标准化、最系统化、最科学的公共服务体系，以促进社会的和谐发展。

河北省基本公共服务均等化建设发展的最大瓶颈就是资金的总体投入量维持在较低水平，经费保障制度不完善。经济发展较好的地区公共服务体系建设方面的投入水平能够维持在较高水平上，欠发达地区公共文化服务的财政投入所占财政支出的比例虽然也在逐年增加，但是由于历史欠账等问题，整体水平还维持在较低水平上。因此，河北省应加强顶层设计，在加大财政投入力度的基础上，均衡各地区的资金投入水平，确保各地市、各区域在资金使用方面形成高效、稳定的发展态势。同时，河北省还要力争在最短的时间内建设完善相关的政策法规，完善资金使用的制度体系建设，为今后基本公共服务均等化目标的实现创造良好的外部环境。

三、利用多种方式吸引企业及社会力量参与公共服务建设

公共服务的公平性和不具有竞争性、营利性和排他性等特点，导致了政府必然是公共服务体系中的主体且具有主导其发展走向的作用。但是通过无数实践经验证明，由于受政府财政状况等多方面的限制，如果一个地区单单是将政府作为公共服务供给的唯一主体，而不依赖其他社会力量的支持，公共服务体系建设很难取得持续健康发展。社会力量是指政府组织以外的能够参与到社会公共事务的社会个体与社会组织，包括公民个体、群众团体、事业单位、公司企业、非营利机构等自然人与法人单位。对于公共服务建设而言，社会力量是一支源源不绝的有生力量。因此，我们在加强和完善公共服务体系的建设时，不仅要将政府作为这一体系的主导，还要加大引导社会各方主体力量参与到对公共服务的建设中，不断改进公共服务的供给方式，促进公共服务良性健康发展。

为加强和创新社会管理，推进政府职能转变，改进政府提供公共服务方式，2014年1月27日，河北省政府办公厅印发的《关于政府向社会力量购买服务的实施意见》指出，大力推动政府职能转变和政社分开，实现政府由“养

人”向“办事”转变，凡是适宜由社会力量提供的公共服务，政府原则上不再直接举办。2014年，河北省政府共向社会力量购买13个领域的88项公共服务，这是河北省在公共服务领域改革的一次重大突破。但就目前来看，河北省各种层次的社会主体对于基本公共服务建设的参与力度并不大，企业与社会力量参与公共服务建设的机制也尚未完全实现。虽然目前也有一些自发的、代表个人的社会力量参与到公共服务的建设中，但相对来说还是太过主观主义，比较片面化，没有形成比较系统的社会力量参与机制。

因此，河北省政府应当制定相应政策与措施，促进各个层面的社会力量积极参与到公共服务体系建设中，并通过机制体制的建立，使参与主体有法可依、有章可循。首先，通过完善公共服务的多渠道投入机制，进一步推广政府和社会资本合作模式，可以考虑在财税优惠、提供补贴等方面加强政策支持，激发社会力量参与公共文化服务的活力。其次，可以借鉴发达国家的做法，通过税收杠杆这一政策对公共服务建设的资金投入进行调节，通过各项激励政策、补贴以及购买等方式吸引更多的企业与其他社会主体力量参与到公共服务体系的建设。这样不仅能够缓解政府自身的财政压力，还能为公共服务体系注入更多的新鲜血液，为公众提供更具有创意性和更丰富的基本公共服务。此外，在机制体制建设过程中，必须理顺均等化建设和各地区自行发展之间的关系，搭建均等化发展的制度体系和治理架构。通过发挥和调动政府、社会组织和社会大众的积极性，形成政府主导、社会联动、群众参与的良好格局，让公共服务更好地发挥作用。

第二节　完善基本公共服务均等化的人才保障机制

对于公共服务体系建设来说，人才队伍的建设作为其主体之一，发挥着至关重要的作用。首先，公共服务离不开人，人才队伍建设是公共服务的基本保障。其次，有了人才队伍，才能更好地开展公共服务，使公共服务事业不断发展，让广大人民群众享有更好的公共服务。因此，为使公共服务体系建设得到有效保障，必须实施公共服务人才培养工程，加大人才教育培训投入，完善人才培训机制，提高人才培训质量，增强公共服务能力。

一、调整和优化公共服务人才队伍结构

公共服务体系中的人才队伍是我国公共服务的创造者与传播者，承担着基础公共服务供给等社会职能，是构建基本公共服务体系的基础力量。目前河北省公共服务人才队伍结构还存在许多问题，主要表现在数量不足与结构不合理等方面。比如，在博物馆从业人员数量方面，河北省的人才队伍建设表现严重失衡，承德市因其是历史名城及旅游城市等原因，对博物馆建设比较重视，博物馆从业人员数量较其他城市有显著优势。而衡水和邢台两个城市，在博物馆人力资源保障方面表现欠佳，与承德市相差 10 倍之多。再如，在基本公共教育服务方面，河北省普通小学、初中及高中的生师比都相对均衡，而在中等职业学校生师比方面，河北省存在着较大的差异，除沧州和石家庄两个城市外，其余 9 个城市的得分均低于全省平均水平，并且分值都较低，反映在中等职业学校师资队伍建设方面还存在明显不足。

因此，为了解决人才短缺与结构失衡等诸多问题，河北省应积极调整公共服务的人才结构，均衡 11 个城市的公共服务人才队伍建设，进而促进公共服务体系的均衡健康发展。河北省应根据现实情况从以下几个方面着手对人才队伍的结构进行调整与优化。首先，要根据公共服务体系的发展进程，引进适应现阶段发展的管理型人才和技术性人才，并且将人才引进的重点放在智力引进，使人才队伍结构更具有专业性。其次，要将可持续发展理念贯彻至公共服务人才队伍的建设中，从顶层设计角度制订与人才建设理念相符合的中长期计划，培养高层次复合型人才，解决人才短缺的问题。最后，应当着重调动人才的学习积极性和创造性，提高人才队伍的活力。同时也要注重人才培养的晋升制度等，完善公共服务人才队伍的结构，促进人才的良性流动，使公共服务人才尽自己最大所能发挥自身才能，促进公共服务快速发展。

二、完善和创新公共服务人才培养机制

公共服务人才指为加强城乡公共设施建设，为发展教育、科技、文化等公共事业作出贡献的专业性人才，公共服务体系发展的完善程度会受到公共服务人才专业程度质量高低的影响。目前，要解决我国公共服务人才良莠不齐的问题，不仅需要引入高教育程度与高水平、高层次的人才，还需要从另一层面拓宽人才培养的范畴，尽力培养出专业水平高、政治素养强的科学化公共服务人才队伍。只有加强对人才的培养以及对培养方式的不断创新，才能逐步打造出有自己风格的公共服务人才队伍，才能在此基础上促进公共服务事业的不断壮大发展。

河北省应当从几个方面对公共服务人才培养机制进行完善和创新。首先，应当提升政府的重视程度，将对人才队伍的建设要求作为各层级政府重点关注的内容，为公共服务人才的培养提供更多的制度保障。其次，应该着重培养人才队伍的专业性，培养一批具有较高学术造诣的专家学者，发挥他们在专业领域中的学术影响与名人效应，带动更多的人参与到公共服务的建设中去。最后，应该加大对基层人员的培养力度，通过讲座、培训等形式吸引更多的基层劳动人员参与到基本公共服务体系的建设中，这不仅能够丰富公共服务人才队伍结构，还可以向公众普及更多的基本公共服务知识，提升人们对服务型政府的信任感和满意度。

三、建立和完善公共服务人才竞争和激励机制

为实现对人才的有效利用，使公共服务人才发挥其最大效用，河北省还应当建立和完善公共服务人才竞争和激励机制，为公共服务事业的繁荣发展提供良好的人才环境，以培养出创新性强、专业素质过硬、结构合理的公共服务人才队伍，促进公共服务事业的健康发展。

河北省需要从以下几个层面建立和完善公共服务人才竞争和激励机制。首先，应当建立公平公正公开的竞争机制，为培养公共服务专业性人才提供

良好的外部环境。其次，应当不断完善人才的培养制度，如采取一些人才激励政策以及完善薪酬分配制度等。通过更加科学专业的手段发挥个体的特长与才能，激发其最大潜能，同时将效率作为各项机制的重点，最大限度地为公共服务事业的发展贡献效能。然后，还应当建立起合理的绩效评估体系，充分激发公共服务人才的创造力与积极性。最后，应当加大对公共服务领域有重大学术产出成果的人才进行奖励并提高宣传力度，让榜样的力量发挥辐射和示范作用。此外，还应加强对各项相关课题与项目的支持力度，让公众感受到国家对于这一相关领域的重视程度，吸引更多优秀人才参与到公共服务体系的建设中。

任何事物的发展过程都是蜿蜒曲折的，培养一支专业素质水平高，具有科学性的公共服务人才队伍并非易事，需要各级政府的大力支持与科学决策，需要更多的优秀人才投入到公共服务事业中。

第三节　完善基本公共服务均等化的需求导向机制

公众不仅是公共产品的使用者，作为公共服务的受众群体更是公共服务过程的参与者、评价者和监督者。公众对于公共服务的需求属于公民的基本权利和需求，这就需要经济、政治、社会、文化各类要素协调发挥各自的作用，从而保证公众的公共服务由同质性走向异质性，由单一化走向多样化，由扁平式走向立体式。事实上，只有承认公众需要存在主客观差异，并以此为基点安排公共服务的生产和供给，才能真正实现公共服务均等化的要求和目标。建立以需要为导向的公共服务供给体系的意义正在于此。

通过上述几章的分析研究，我们不难发现，河北省在公共服务供给方面存在的问题主要有供给不足以及供非所需的问题。例如，在基本公共文化服务方面，沧州市存在着严重的供给不足，其公共文化服务的投入、保障及产出方面均低于河北省平均水平，但其效果得分却位列河北省第一，反映沧州市民众的公共文化活动参与意识较强，但供给严重不足，应该引起有关文化部门的重视，在后续公共服务供给方面加大对基本公共文化服务的投入力度，以满足公众高涨的参与热情。再如，张家口在公共文化服务方面存在着严重的供非所需的问题，即供给错位使资源配置流向错误的方向，加剧了公共服务供给结构业已存在的不均衡。张家口市在文化投入方面位列河北省第一，但其效果方面却位列全省第十，说明张家口在文化投入建设方面存在一定的盲目性，没有很好地考虑公众的需求，并且由于服务保障不到位等因素，导致文化服务的高产出并没有很好地迎合公众的喜好，而导致公众参与意识不强，在后续应建立以需求导向为指引的公共文化服务体系。

供给方与需求方在公共产品生产和供给过程中存在权利不平等、偏好不一致、沟通不顺畅等一系列问题，并对基本公共服务均等化的实现造成了持久的消极影响。探索供需匹配的社会公共服务供给模式，逐步畅通需求表达机制、公开化的信息公开机制和民众参与的反馈纠偏机制，才能真正做到有效了解民众需求、对接民众需求，并最终满足民众需求。

一、强化需求导向意识，建立便捷畅通的需求表达渠道

在当今社会，民众对于社会公共服务的需求得不到有效表达和传递成为目前影响我国社会公共服务提升效能的一个主要因素。这就需要政府部门改革原有的“自上而下”的填鸭式服务供给模式，厘清在社会公共服务中的个体、群体、层级的不同需求，站在民众和需求者的角度来思考问题，探索出一种“自下而上”的需求供给模式，然后因地制宜地进行有效供给服务。要达到这种社会服务的有效输出，首先就需要充分认清自身的供给层次和供给能力，也要积极更新平台广度，善于畅通民众反馈建议渠道和路径，避免陷入“供不适求”的怪圈，使得社会公共服务水平更加适应社会生产力的发展。

政府应倡导建立全方位的社会公共服务的需求表达机制，畅通民众反馈渠道和来源，并以此为立足点和出发点来建立健全适合民众社会需求的服务供给模式。具体来说，河北省政府应从以下几个角度进行：一是要激发公众对于社会公共服务的表达意愿和诉求，带动民众的热情和积极性。公众积极

参与社会公共服务是其能够有效发挥作用的关键，但是有一部分民众的表达方式和权利意识尚未明晰，部分民众主体参与意识不强，使得他们长期处于一种被动接收者的角度来等待服务。因此，政府应倡导加强公共权利意识的宣传和教育工作，提高民众的主人翁意识和社会参与感，双管齐下畅通社会公共服务需求渠道。二是要将宣传表达和民主政治建设相衔接，使民众相信自己的意见表达和反馈建议会对政府的决策制定和方案实施产生积极影响。三是要将需求表达和现代科技紧密结合。政府可以有效地利用多渠道获取民众的意见和呼声。例如，开放社会公共服务市民热线，通过微博、微信、公众号等渠道了解真实的民众需求，在充分了解民众需求的基础上，整合社会资源和服务水平，让社会公共服务改革成果惠及广大民众，让人民感受到公共服务的幸福感和满足感。

二、建立公开透明的公共服务信息发布机制

满足公众的知情权是加强公众同政府部门沟通、互动的重要条件，也是促进公众参与基本公共服务体系建设、完善公共服务体系的重要环节。只有对政府提供的各项服务有所了解，公众才能将自身的意见和需求更好地反馈给政府，促进政府及时调整基本公共服务的内容和结构。当前，公共参与社会公共服务意识不强的原因除了服务内容不能很好地满足公众需求之外，另一个主要原因就是公共服务信息发布渠道不够畅通，由于缺乏公共服务的前期宣传和推广工作导致公众对各地区公共服务的开展情况不甚了解，无从参与。

首先，应提升政府及其工作人员的服务意识。强化人本观念是建设服务型政府、完善基本公共服务体系的手段，要求各级政府部门必须时刻将广大人民的根本利益作为其制定政策、方针的出发点和落脚点，真正做到发展为了人民，发展依靠人民，发展成果全民共享。其次，简化政府信息公开的程序，提升政府信息公开的质量。具体可从两方面入手：一方面，明确政府信息公开的具体内容和范围，何种信息必须公开、何种信息可以公开、何种信

息不得公开，应该在法律层面予以明确规定。另一方面，解决政府信息公开“怎么做”的问题。对于政府信息公开的程序、方式进行明确规定，简化公民申请政府信息公开的程序。

构建高效的信息公开机制，是确保各级政府兼顾不同群体、不同阶层利益的重要前提，也是公民参与基本公共服务体系建设、明确自身需求的重要途径。公共服务的最终目的就是惠及民众，吸引广大群众参与其中，因此构建一种政府主导、民众参与、各方合作的社会公共服务体系是必然选择。

三、构建高效的公众需求回应机制

回应是互动的关键，回应机制的稳定性、有效性是确保政府与公众良性互动的根本所在。如果公众需求在基本公共服务供给过程中无法得到及时有效的回应，那么任何形式的制度建设都难免流于形式，基本公共服务体系将无法发挥预期效果。政府回应和公民参与存在双向互动、相互促进的关系，对公民需求进行积极有效的回应是培养公民参与热情的前提条件，因为回应体现的不单单是政府对公共服务的关注，更体现出政府对公众利益的重视与强调。随着人民的生活水平和经济收入日益改善，公众对公共服务的需求也发生了改变，从被动接受公共服务到有着更高的诉求和标准，因此政府必须意识到这种变化，并积极应对进行公共服务方式的变革和转型。而政府第一时间获得公众反馈的意见和建议，就成为回应机制的前提，只有积极回应公众诉求才能避免供需求之间出现不对等和滞后等问题，有效提供公众所需的服务。

健全需求回应机制是缓解目前公共服务领域信息反馈错位和无效的关键措施。互联网的迅猛发展为政府回应提供了难得的机遇，应充分利用互联网和电子政务等多种信息化手段获取公众的需求和反馈，并根据获取信息进一步完善公共服务的供给体系。电子信息技术的应用不仅可以使政府减少行政成本、提高行政效率，还可以通过网络途径对自身提供的各项服务进行满意度调查，并获取公众对有关部门及公职人员的工作态度的信息评价。此外，政府应积极转变观念，增强对网络民意的重视力度与回应理念，可通过完善舆论反馈的机制（如强化专门的信息部门、建立跨部门的信息沟通和领导机制）、提升政府回应公共舆论的话语能力、有效整合网络空间的政府回应渠道和传统制度性政府回应渠道等途径加强政府回应能力建设。

第四节　完善基本公共服务均等化的设施建设

公共服务是 21 世纪公共行政和政府改革的核心理念，包括加强城乡公共设施建设，发展教育、科技、文化、卫生、体育等公共事业，为社会公众参与社会经济、政治、文化活动等提供保障。公共服务设施是指为市民提供公共服务产品的各种公共性、服务性设施，按照具体的项目特点可分为教育、医疗卫生、文化娱乐、交通、体育、社会福利与保障等，是公共服务得以开展的重要物质载体。公共服务基础配套设施的完善与否不仅影响公众可享受的公共服务的水平，而且还能影响公众对于服务型政府的满意度和信任感。

通过前几章的分析不难发现，河北省在基本公共服务设施建设方面还存在着很多不足，主要表现在投入力度不足以及投入设施利用率不高两个方面。例如，在博物馆建设方面，河北省投入水平存在明显的非均衡性，投入最高的为承德市，最低的为邢台和廊坊两个城市，之间相差 4.48 倍。再如，承德市在公共图书馆建设方面投入较高，每万人拥有的公共图书馆数量位列河北省第二，但其公共图书馆的利用率却不高，开展的各类讲座次数及人均参加讲座的次数均位列河北省倒数第二，反映了承德市在利用公共图书馆提供公众服务方面有待进一步提高，高投入的公共设施并没有得到有效利用。

一、加大公共服务设施的投放力度

随着 21 世纪中国经济的迅猛增长以及人民生活水平的日益提高，人们对生活质量的要求也越来越高。在这样的发展趋势下，人们对于基础公共服务设施的要求也随之提高，需求层次也在不断扩大。因此，现代社会的城乡建设应当将基础公共服务设施作为建设重点，加大投放力度，增加覆盖范围，致力于将公共服务设施建设打造为新型城市的经济提升点，不断提高服务设施的使用性能，为公众的生活增加舒适感与幸福感。

当今社会，为了加强民生建设，解决我国现阶段人民日益增长的美好生活和不平衡不充分发展之间的主要矛盾，必须加大对基础公共服务设施的建设。根据前几章的数据分析得知，河北省各地区之间的公共服务设施的投放差距还是比较大的，这一问题仍是河北省公共服务均等化面临的亟待解决的问题。此外，有些综合发展程度较高的城市，其对公共服务设施建设的重视程度却是不够的。例如，石家庄在医疗卫生机构建设投入方面存在很大短板，每万人拥有医疗卫生机构数方面位列河北省倒数第一，需要在后续建设中加大投入力度，保障公民享有基本的医疗卫生服务。除此之外，政府还应该采取一些福利措施，吸引更多的社会力量参与到公共服务设施建设中，以避免政府因占据单一主体而导致的资金紧张等问题，并推动公共服务体系持续健康发展。

二、提高公共服务设施的利用率

公众享受到基础公共服务的水平高低通常可以通过公共服务设施的供给度大小以及利用率的高低来反映。河北省目前的状况是一些地区的公共服务设施使用率比较低，未能最大限度地发挥出服务效能。例如，张家口市在公共图书馆建设方面表现突出，每万人拥有公共图书馆数量位列河北省第一，但在公共图书馆流通人次方面却位列河北省倒数第一，这样巨大的反差应当引起有关部门重视，究竟是公共图书馆的建设未能紧跟时代潮流，设计构造等硬件设施不完备还是软件建设不到位，如藏书种类等无法迎合大众需求，需要在调研的基础上及时调整和完善。

此外，政府为了提高公共服务设施的使用率，应当将公众需求作为指引方向建设迎合公众需求的公共服务设施，同时设立严密的监管制度，保障公共设施的合理有效利用。可以通过以下两个方面提高公众对于公共服务设施的使用效果：一是对于公共服务设施进行有序管理，提升管理水平。形成专人负责制，发生问题第一时间有专人进行处理，同时增加更多的工作人员参与到基层的公共服务设施建设中。二是公共服务的建设过程中应当了解不同区域常住人口的自然特征以及公共服务需求，比如通过问卷调查以及社区走访等方式了解各个社区的人口分布状况。如果该地区老年人占比比较大，则应当多建设一些适合老年人的基础设施；如果年轻人占比偏重，则应对基础公共服务的设施建设中注入更多的年轻活力。只有这样才能有针对性地提供适宜的公共服务，增加人们生活的乐趣，提升这一地区人们的整体幸福感。

参考文献

[1] 王安银．供给侧结构性改革背景下新公共管理对我国政府改革的启示[J]．改革与开放，2018（22）：100-102．

[2] 张艳蓉．云南省基本公共服务均等化的水平测度与实证研究[D]．北京：中国财政科学研究院，2019．

[3] 刘永华．转移支付对基本公共服务均等化影响研究[D]．武汉：中南财经政法大学，2019．

[4] 张青．基本公共服务均等化实现的制度保障及推进举措[J]．广东省社会主义学院学报，2017（1）：100-102．

[5] 刘燕华，谢宗棠．甘肃基本公共服务供给均等化实证研究[J]．西北民族大学学报（哲学社会科学版），2013（2）：156-163．

[6] 曹雪彦．“十四五”时期加快推进基本公共服务均等化的思考[J]．中共山西省委党校学报，2021（5）：53-56．

[7] 刘蕾．厦门市城乡基本公共服务均等化的实证分析[J]．厦门特区党校学报，2010（3）：37-41．

[8] 刘亚亚，高瑞．公共服务方式创新管理探析[J]．管理观察，2014（15）：22-24．

[9] 陈沛然，汪娟娟．城乡融合发展背景下新型农村社区公共服务能力提升路径研究——基于南京市江宁区的案例分析[J]．中州学刊，2020（12）：62-67．

[10] 张娜．基本公共服务均等化是推进共同富裕重要着力点[N]．中国经济

时报，2022-03-16（001）.
[11] 郝志强．新形势下政府与市场关系探究[J]．佳木斯大学社会科学学报，2015（3）：52-54.
[12] 李明君.浅析城乡基本公共服务均等化中的政府责任[J].智富时代，2016（1）：217-219.
[13] 陈会然．河北省基本公共服务均等化实证研究[D]．秦皇岛：燕山大学，2019.
[14] 陈彬.我国城乡基本公共服务均等化的路径选择[J]. 财经界，2017（26）：3-5.
[15] 佟锐．我国城乡基本公共服务均等化水平评价指标体系的构建[J]．农民致富之友，2016（13）：214-215.
[16] 仇叶．基层服务型政府建设中的服务泛化问题及其解决[J]．中国行政管理，2020（11）：32-40.
[17] 丁忠毅．近年来中国基本公共服务均等化问题研究回顾与反思[J]．中共四川省委省级机关党校学报，2014（2）：82-86.
[18] 尚虎平．保障与孵化公民基本生存与发展权利——我国基本公共服务均等化的历程、逻辑与未来[J]．政治学研究，2021（4）：64-74，156-157.
[19] 鲁莉华，陈世香．我国民族地区基本公共服务均等化研究：回顾与展望[J].云南行政学院学报，2018（5）：170-176.
[20] 杨名．支持性社会组织与产业化公共服务供给系统[D]．杭州：浙江大学，2014.
[21] 刘德浩.区域基本公共服务均等化发展水平的实证研究[J].统计与决策，2017（5）：104-108.
[22] 李爽．逐步实现我国基本公共服务均等化的理性思考[J]．价格理论与实践，2010（2）：35-36.
[23] 赵涛．新时代民族地区城乡基本公共服务均等化制度优化路径探析[J].云南行政学院学报，2020（5）：113-118.
[24] 甘家武.基本公共服务均等化对市场一体化的影响研究——以云南及其

毗邻省为例[J]. 南开经济研究，2013（6）：97-106.
[25] 崔景芳，任维德. 以基本公共服务均等化助推铸牢中华民族共同体意识的内在逻辑[J]. 中南民族大学学报（社会科学版），2022（2）：28-36，182.
[26] 韩增林，李彬，张坤领. 中国城乡基本公共服务均等化及其空间格局分析[J]. 地理研究，2015（11）：2035-2048.
[27] 许光建，刘汝兵. 实现基本公共服务均等化的财政保障机制研究[J]. 价格理论与实践，2015（3）：10-12.
[28] 丁志宏，曲嘉瑶. 中国社区居家养老服务均等化研究——基于有照料需求老年人的分析[J]. 人口学刊，2019（2）：87-99.
[29] 王雪晴，田家华. 湖北省基本公共服务均等化水平测度[J]. 统计与决策，2021（23）：81-85.
[30] 张启春，杨俊云. 基本公共服务均等化政策：演进历程和新发展阶段策略调整——基于公共价值理论的视角[J]. 华中师范大学学报（人文社会科学版），2021（3）：47-56.
[31] 兰措卓玛. 法治视阈下的城乡基本公共服务均等化[J]. 青海师范大学学报（哲学社会科学版），2011（3）：29-32.
[32] 朱伟勇，等. 宁波市 2013 年基本公共服务均等化实现度评价[J]. 宁波经济（三江论坛），2014（6）：33-36.
[33] 李奇儒，尹会兰，高文越. 京津冀协同发展背景下河北省基本教育公共服务均等化的策略研究[J]. 河北工程大学学报（社会科学版），2018（3）：28-29，51.
[34] 王会欣，李进英. 河北省“十三五”时期宏观经济发展研究[J]. 经济研究参考，2016（8）：63-68.
[35] 杨静，孙文生. 河北省人口、资源环境与经济协调发展评价研究[J]. 湖北农业科学，2011（21）：4524-4527.
[36] 厉亚，宁晓青. 消费扶贫赋能脱贫攻坚的内在机理与实现路径[J]. 湖南科技学院学报，2019（2）：3-7.

[37] 卢继宏．人口均衡城市化的基本问题与路径选择研究[D]．成都：西南财经大学，2012．

[38] 田学斌，陈艺丹．京津冀基本公共服务均等化的特征分异和趋势[J]．经济与管理，2019（6）：7-15．

[39] 李清章．基本公共服务均等化：历史演变与现实借鉴[J]．河北学刊，2016（2）：213-217．

[40] 石化龙，王文涛．选准路径求均等——“基本公共服务均等化与财政制度创新”研讨会综述[J]．中国财政，2009（1）：46-48．

[41] 王凤飞，石丁，颜慧娟．民生财政与基本公共服务均等化：概念及统筹对策[J]．经济研究参考，2012（29）：36-39．

[42] 劳东园．区域协调发展下推进城乡基本公共服务均等化的困境与出路[J]．大众科技，2018（10）：104-107．

[43] “河北居民收入分配研究”课题组，刘湛菁．河北省城乡居民收入分配差距及趋势研究[J]．调研世界，2016（4）：46-49．

[44] 赵永新，于婧，监文慧．实现城乡居民收入倍增路径研究——以河北省为例[J]．经济研究参考，2014（33）：69-72．

[45] 黄丽娟．政府购买公共文化服务探析——以江苏省南通市为例[J]．行政论坛，2014（4）：43-47．

[46] 思伟．《文化和旅游部关于推动数字文化产业高质量发展的意见》解读[J]．群文天地（贵州），2020（6）：4-7．

[47] 李娟，梅国宏．公共文化服务水平评价指标体系的构建[J]．华北理工大学学报（社会科学版），2016（5）：73-79，83．

[48] 沈壮海．新中国 70 年与中华民族文化自信的重建[J]．思想理论教育导刊，2019（9）：32-38．

[49] 李少惠，张红娟．建国以来我国公共文化政策的发展[J]．社会主义研究，2010（2）：110-114．

[50] 龙吐．农村公共文化服务的人才保障建设研究[D]．湘潭：湘潭大学，2018．

[51] 李斯. 以标准化促进均等化的制度创新——基本公共文化服务标准制度的确立、贡献与经验[J].图书馆论坛，2021（7）：10-17.
[52] 杨晓泉. “十四五”时期公共文化服务高质量发展思考：破解老问题，应对新挑战[J]. 图书馆论坛，2021（2）：10-18.
[53] 霍晓丽. 为“十二五”良好开局提供强大思想保证精神动力舆论支持文化条件[N]. 河北日报，2011-01-28（001）.
[54] 刘宇南.《国家基本公共服务体系“十二五”规划》中的若干重要问题探析[J]. 宏观经济管理，2013（4）：25-28.
[55] 李晓璐. 河北省公共文化服务体系建设研究[D]. 保定：河北大学，2019.
[56] 范周，侯雪彤. “十四五”时期公共文化服务高质量发展的内涵与路径[J].图书馆论坛，2021（10）：14-19.
[57] 陈旭佳. 效果均等标准下基本公共文化服务均等化研究[J]. 当代经济管理，2016（11）：55-63.
[58] 河北省统计局，国家统计局河北调查总队. 河北统计年鉴 2020[M]. 北京：中国统计出版社，2021.
[59] 陈媛媛，柯平. 基本公共文化服务均等化驱动因素研究[J]. 图书馆，2019（3）：20-25.
[60] 王天平，闫君子. 新中国 70 年基础教育教学改革政策的发展历程与未来展望[J]. 海南师范大学学报（社会科学版），2019（6）：64-71.
[61] 杜晓敏. 全纳教育视野下的基本公共教育服务均等化研究[D]. 上海：华东师范大学，2016.
[62] 唐丽娜，王记文. 基本公共教育服务均等化及其影响因素[J]. 青年研究，2016（3）：58-66，95-96.
[63] 程晋宽，缪舒敏. 指向义务教育均衡优质发展的学校标准化建设路径——基于政策目标与政策手段的分析[J]. 教育发展研究，2017（18）：8-14.
[64] 薛二勇，李健，单成蔚，等. 实现基本公共教育服务均等化——《中国教育现代化 2035》的战略与政策[J]. 中国电化教育，2019（10）：1-7.

[65] 桑锦龙. 关于构建优质均衡基本公共教育服务体系的思考[J]. 人民教育，2021（17）：46-50.
[66] 2020 年全国教育事业发展统计公报[J]. 中国地质教育，2021（3）：106-110.
[67] 汪凡，白永平，周亮，等. 中国基础教育公共服务均等化空间格局及其影响因素[J]. 地理研究，2019（2）：285-296.
[68] 罗哲. 基本公共教育服务均等化绩效测度[M]. 北京：中国人民大学出版社，2017.
[69] 刘孟旎. 福建省基本公共教育服务均等化指标体系构建与实证研究[D]. 福州：福州大学，2018.
[70] 崔慧广. 县域基本公共教育服务均等化：分析框架、评价指标与测算方法[J]. 教育理论与实践，2014（31）：18-22.
[71] 苏淼淼. 我国基本公共教育服务均等化指标体系构建与实证分析[D]. 天津：天津财经大学，2015.
[72] 曹浩文. 京津冀基本公共教育服务差距缩小了吗？——基于 2014 至 2016 年数据的对比[J]. 教育科学研究，2018（9）：17-22.
[73] 史卫东. 创新医疗服务定价和补偿机制促进医疗卫生服务事业健康发展[J]. 中国财政，2015（24）：66-67.
[74] 中华人民共和国财政部，中华人民共和国国家发展计划委员会，中华人民共和国卫生部，等. 关于完善城镇医疗机构补偿机制落实补偿政策的若干意见[J]. 中国医院，2001（8）：19-20.
[75] 中共中央国务院关于深化医药卫生体制改革的意见[J]. 中国劳动保障，2009（5）：48-53.
[76] 中共中央 办公厅国务院办公厅转发《国务院深化医药卫生体制改革领导小组关于进一步推广深化医药卫生体制改革经验的若干意见》[J]. 中华人民共和国国务院公报，2016（33）：10-15.
[77] 李滔，王秀峰. 健康中国的内涵与实现路径[J]. 卫生经济研究，2016（1）：4-10.

[78] 钟楚雯，高天阳，杨晓星，等．健康中国背景下河北省居民健康素养水平调查[J]．中国卫生产业，2019（22）：178-179，182．

[79] 许钢柱，李明德．河北省基层医疗卫生服务体系建设探索[J]．中国卫生人才，2021（10）：42-45．

[80] 《河北省 2020 年深化医药卫生体制改革重点工作任务》解读[J]．河北省人民政府公报，2020（7）：137-138．

[81] 秘晓峰．河北省卫生资源现状与卫生健康服务体系建设研究[D]．保定：河北大学，2020．

[82] 田孝苗，杨孝坤，王俊峰，等．我国疾控中心卫生技术人员资源配置现状及公平性分析[J]．现代预防医学，2021（2）：280-283．

[83] 李岩，张毓辉，万泉，等．2020 年中国卫生总费用核算结果与分析[J]．卫生经济研究，2022（1）：2-6．

[84] 国家卫生计生委关于印发《国家基本公共卫生服务规范（第三版）》的通知[J]．中华人民共和国国家卫生和计划生育委员会公报，2017（3）：21．

[85] 谢星全．基本公共服务质量评价研究——以基本医疗卫生服务为例[J]．宏观质量研究，2018（1）：44-54．

[86] 陈志勇，韩韵格．基本医疗卫生服务供给的动态演进及空间差异[J]．中南财经政法大学学报，2021（2）：53-64．

[87] 文姚丽，刘振华．新中国成立 70 年来我国社会保障历史演进综述[J]．西部学刊，2020（17）：5-11．

[88] 周秋光．现代中国社会保障制度与慈善事业 70 年发展进程及其思考[J]．中南大学学报（社会科学版），2020（6）：150-162．

[89] 刘宁．社会保险制度可持续性问题研究[J]．中国市场，2021（31）：47-48．

[90] 袁连升，杨威．健全社会保障制度与实现分配公平[J]．现代营销，2015（7）：20．

[91] 毛雁．当前我国建立健全社会保障制度的重要性[J]．胜利油田党校学报，2009（6）：51-52．

[92] 杨辉．完善我国社会保障制度应在“结合”上下功夫——改革开放 30 周年社会保障制度改革的重新思考[J]．学术论坛，2008（12）：68-71．
[93] 陈彬．我国社会保障事业的发展历程及未来趋势[J]．财经界，2017（12）：3-5．
[94] 陈政硕，李爱芹．我国城镇职工基本养老保险制度现状、问题与完善策略[J]．经济研究参考，2020（7）：37-47．
[95] 胡劲松．社会保障基本公共服务均等化研究[D]．武汉：华中师范大学，2015．
[96] 石红梅．基本公共服务均等化视角下的我国基本社会保障研究[J]．河海大学学报（哲学社会科学版），2015（1）：66-70，91-92．
[97] 冯维．1978—2010年城镇企业职工基本养老保险制度改革的历程与经验[J]．当代中国史研究，2021（6）：66-84，158-159．
[98] 白天亮．《新时期劳动和社会保障重要文献选编》出版发行[N]．人民日报，2002-04-23（005）．
[99] 国务院关于建立统一的企业职工基本养老保险制度的决定[J]．河北政报，1997（9）：17-19．
[100] 张佳华．论社会政策中的“普惠”理念及其实践——以我国适度普惠型儿童福利制度建设为例[J]．青年学报，2017（1）：85-89．
[101] 桑锦龙．推进京津冀教育协同发展的战略性思考[J]．教育科学研究，2016（4）：16-21．
[102] 任晓雅．推进河北省建筑工人工伤保险制度建设研究[D]．保定：河北大学，2020．
[103] 白维军，童星．论我国社会保障服务的理念更新与体系构建[J]．中州学刊，2014（5）：77-81．
[104] 王超群．中国基本医疗保险的实际参保率及其分布特征：基于多源数据的分析[J]．社会保障评论，2020（1）：67-84．
[105] 王桂艳．河北省基本公共卫生服务均等化问题与对策研究[D]．保定：河北大学，2011．

[106] 袁硕．基于系统动力学的京津冀基本公共服务均等化路径研究[D]．石家庄：河北经贸大学，2020．

[107] 徐凯赟．全面建成小康社会进程中的公共服务供给方式研究[D]．北京：中共中央党校，2017．

[108] 何继新，暴禹．区块链驱动社区公共服务供给治理创新：系统重构、实践图景及风险纾解[J]．学习与实践，2021（6）：78-90．

[109] 徐增阳，张磊．公共服务精准化：城市社区治理机制创新[J]．华中师范大学学报（人文社会科学版），2019（4）：19-27．

[110] 马铮，刁庶．信息化视角下公共服务供给侧改革路径分析[J]．领导科学，2016（12）：4-6．

[111] 张晓杰，王桂新．基本公共服务供给的有限性与有效性研究[J]．上海行政学院学报，2014（1）：96-103．

[112] 黄桂田．正确处理政府与市场的关系，建立有中国特色社会主义市场经济体系[J]．政治经济学评论，2018（1）：32-35．

[113] 魏礼群．正确认识与处理政府和市场关系[J]．毛泽东邓小平理论研究，2014（5）：46-51，91．

[114] 柳新元，顾月霞．国内政府回应研究的现状及热点聚焦——基于 2000—2019 年文献计量分析[J]．贵州省党校学报，2019（6）：103-115．

[115] 陈新．互联网时代政府回应能力建设研究——基于现代国家治理的视角[J]．中国行政管理，2015（12）：61-63．

[116] 盛广耀．中国城乡基础设施与公共服务的差异和提升[J]．区域经济评论，2020（4）：52-59．

[117] 黎晓玲，谢撑雾，李志刚．基于常住人口的城乡基本公共服务均等化研究——以江西赣州医疗服务设施为例[J]．规划师，2015（31）：123-131．

[118] 丁春梅．论城市保障性住区公共服务设施的配置策略[J]．工业建筑，2021（8）：259．

[119] 缪小林，张蓉．从分配迈向治理——均衡性转移支付与基本公共服务均等化感知[J]．管理世界，2022（2）：9-14，129-149．